Sascha Saßen

Risikomanagement

Fehler vermeiden, melden, analysieren und bewältigen

Bibliografische Information der Deutschen Nationalbibliothek
Die Deutsche Bibliothek verzeichnet diese Publikation in der Deutschen Nationalbibliografie; detaillierte bibliografische Daten sind im Internet über http://dnb.d-nb.de abrufbar.

Sämtliche Angaben und Darstellungen in diesem Buch entsprechen dem aktuellen Stand des Wissens und sind bestmöglich aufbereitet.
Der Verlag und der Autor können jedoch trotzdem keine Haftung für Schäden übernehmen, die im Zusammenhang mit Inhalten dieses Buches entstehen.

© VINCENTZ NETWORK, Hannover 2019

Besuchen Sie uns im Internet: www.altenheim.net

Das Werk ist urheberrechtlich geschützt. Jede Verwendung außerhalb der engen Grenzen des Urheberrechtsgesetzes ist ohne Zustimmung des Verlages unzulässig und strafbar. Dies gilt insbesondere für die Vervielfältigungen, Übersetzungen, Mikroverfilmungen und Einspeicherung und Verarbeitung in elektronischen Systemen.

Die Wiedergabe von Gebrauchsnamen, Warenbezeichnungen und Handelsnamen in diesem Buch berechtigt nicht zu der Annahme, dass solche Namen ohne Weiteres von jedermann benutzt werden dürfen. Vielmehr handelt es sich häufig um geschützte, eingetragene Warenzeichen.

Druck: BWH GmbH, Hannover

Foto Titelseite: AdobeStock, isavira (composing)

Satz: Heidrun Herschel, Wunstorf

ISBN 978-3-86630-766-7

Sascha Saßen

Risikomanagement
Fehler vermeiden, melden, analysieren und bewältigen

VINCENTZ NETWORK

Inhalt

Kapitel 1	**Einleitung in das Thema Risikomanagement**	**7**
1.1	Pflegeeinrichtungen und umfassendes Risikomanagement	9
1.2	Begegnen Sie einer illusionären Sicherheit	9
1.3	Anforderungen an ein umfassendes pflegerisches Risikomanagementsystem	10
Kapitel 2	**Grundlagen**	**11**
2.1	Risiko	11
2.2	Risikomanagement im gesetzlichen Kontext	16
2.3	Fehler	25
Kapitel 3	**Risikomanagementprozess**	**33**
3.1	Klassischer Aufbau des Risikomanagementprozesses	33
3.2	Risikomanagementstrategie	34
3.3	Risikoidentifikation	35
3.4	Risikoanalyse	42
3.5	Risikobewertung	42
3.6	Risikobewältigung	44
3.7	Risikoüberwachung	45
3.8	Risikodokumentation	46
3.9	Risikokommunikation	46
Kapitel 4	**Risikomanagement nach DIN EN ISO 9001**	**47**
Kapitel 5	**Risikomanagement und Qualitätsmanagement**	**49**
5.1	Ebenen des Risikomanagements anhand des integrativen Managementansatzes	50

Kapitel 6	Von anderen lernen auf Basis wissenschaftlicher Befunde	53
6.1	Studien der Luftfahrtbranche	54
6.2	Prinzipien der High Reliability Organizations	56
6.3	Prinzipien der Antizipation	58
6.4	Prinzipien der Eindämmung	61
Kapitel 7	Darstellung eines „möglichen" ganzheitlichen Risikomanagementansatzes	65
Kapitel 8	Aufbau von Fehler-Ereignis-Meldesystemen im Praxisvergleich	67
8.1	Aufbau und Inhalte von CIRS im Risikomanagement in der Industrie	67
8.2	Aufbau und Inhalte von CIRS im Risikomanagement in der Luftfahrt	69
8.3	Aufbau und Inhalte von CIRS in der Praxis	72
8.4	Aufbau und Inhalte von CIRS im Risikomanagement der stationären Altenpflege	77
8.5	Öffentliche CIRS des Gesundheitswesens in Deutschland	79
8.6	Fehler-Ereignis-Meldesysteme in der stationären Altenpflege	81
8.7	Aufbau und Inhalt eines Fehler-Ereignis-Meldesystems der stationären Altenpflege	89
8.8	Fazit zu den verfügbaren CIRS	95
Kapitel 9	Implementierungsstrategien von CIRS	97
9.1	Grundvoraussetzungen zur Implementierung eines CIRS	97
9.2	Die Implementierung eines „klinischen" Risikomanagementsystems	99

9.3	Die Handlungsempfehlung des Aktionsbündnisses Patientensicherheit	101
9.4	Beispiel: Die Einführung eines CIRS im Krankenhaus	105
9.5	Diskussion über die Implementierung eines CIRS in der Altenpflege	108
9.6	Die Erfolgsfaktoren zur Implementierung eines CIRS	112
9.7	Fazit zu den Implementierungsstrategien von CIRS	114
9.8	Die Fehlerkultur in der Gesundheits- und Pflegewirtschaft	115
9.9	Der Umgang mit Fehlern – die Fehlerkultur	120
9.10	Effekte des CIRS auf die Fehlerkultur in der stationären Altenpflege	121
9.11	Erfahrungen mit dem CIRS in der Gesundheitswirtschaft	122
9.12	Beurteilung der CIRS für den Gebrauch in der stationären Altenpflege	124
9.13	Fazit zur Einflussnahme auf die Fehlerkultur	126

Literaturverzeichnis   **129**

Abbildungsverzeichnis   134

Tabellenverzeichnis   134

Autor   **135**

Jetzt Code scannen und mehr bekommen ...
http://www.altenheim.net/bonus

Ihr exklusiver Bonus an Informationen!
Ergänzend zu diesem Buch bietet Ihnen *Altenheim* Bonus-Material zum Download an.
Scannen Sie den QR-Code oder geben Sie den Buch-Code unter www.altenheim.net/bonus ein und erhalten Sie Zugang zu Ihren persönlichen kostenfreien Materialien!

Buch-Code: AH1105

Kapitel 1 // **Einleitung in das Thema Risikomanagement**

Risikomanagement ist u. a. auch in den Medien des Gesundheits- und Sozialwesens ein kaum überwindbares Thema. Auslöser dafür ist u. a. die mittlerweile verpflichtende Einführung eines Risikomanagementsystems für nach § 108 SGB V zugelassene Krankenhäuser seit Anfang 2013 sowie der zunehmende Haftungsdruck der SGB-XI-Versorger in Bezug auf die Regressforderungen der Krankenkassen. Damit steigen unweigerlich, leider oftmals jenseits der primären Vernunft, der Druck und der Wille zur Einführung eines Risikomanagementsystems in den Einrichtungen.

Ursächlich dafür ist u. a. die Thematisierung dieser Sachverhalte in den Medien (vgl. Wegener 2014). Ein weiterer Punkt ist die Zunahme von Schadensersatzansprüchen mit einer gleichzeitigen Abnahme von Versicherungsdienstleistern im Krankenhauswesen (vgl. Katzenmeier 2011). Der Anstieg der Haftpflichtprämien sowie immer kritischere und aufgeklärtere Leistungsempfänger (Patienten/Bewohner) verstärken die Fokussierung auf diese Thematik nochmals (vgl. Walter 2014). Ein Hauptgrund für die häufige Nennung in den Medien ist ebenso die Einführung des Gesetzes zur Verbesserung der Rechte von Patienten und damit einhergehend die Verpflichtung für nach § 108 Sozialgesetzbuch fünf (SGB V) zugelassene Krankenhäuser zur Führung eines Risikomanagements und der Einführung von Fehlermeldesystemen sowie stärkeren haftungstechnischen Auflagen, die sich aus der Zunahme des Patientensicherheitsthemas in Bezug auf das Bürgerliche Gesetzbuch (BGB) ergeben. Entscheider im Gesundheitswesen, speziell im Krankenhausbereich, können sich dem Thema überhaupt nicht entziehen, Anbieter der Altenpflege (Pflegedienste, Anbieter von (teil-)stationären Pflegeleistungen) sind gut beraten wesentliche Elemente des anderen Sektors kritisch und sachdienlich für die eigenen Zwecke nutzbar zu machen.

Risikomanagement wird klassischerweise im Gesundheitswesen als Risikomanagementprozess verstanden, der die Bausteine Identifikation, Analyse, Bewertung und Bewältigung umfasst. Dieser Prozess ist als eine Art Methodik zu verstehen, der in den Leitlinien des Gemeinsamen Bundesausschusses, aber auch in der Revision der DIN EN ISO 9001 aufgeführt wird und daher fester

Bestandteil des Risikomanagements ist. Mithilfe verschiedener Instrumente besteht die Möglichkeit der Risikoidentifizierung, -analyse und -bewertung. Bei dieser Methodik handelt sich allerdings um eine recht subjektive Bewertung und somit unweigerlich „risikoreiche" Einschätzung. Daher ist der klassische Risikomanagementprozess zu erweitern, um mit Risiken umgehen zu können, die zuvor nicht oder vielleicht falsch identifiziert wurden. Risikomanagement anderer Branchen bietet eine erweiterte und vielleicht auch neuartige Betrachtungsweise. High Reliability Organizations wie die Luftfahrtbranche schaffen es, weitaus weniger Unfälle zu produzieren als statistisch zu erwarten wäre. Mithilfe ihrer Prinzipien der Antizipation und Eindämmung bauen sie eine funktionierende Risikokultur auf. Ein ganzheitlicher Risikomanagementprozess ist daher zweigeteilt zu betrachten, ohne dabei eine Wechselwirkung außer Acht zu lassen. Es sollte in den Einrichtungen ein Modell entwickelt werden, welches mithilfe von „Mauern" (Hindernissen) den ganzheitlichen Risikomanagementprozess aufzeigt und beide Blickweisen berücksichtigt.

Die Darstellung eines ganzheitlichen Risikomanagementansatzes unterstützt den Einführungsprozess eines Risikomanagementsystems. Anhand des ganzheitlichen Risikomanagementansatzes wird aufgezeigt, inwieweit die Prinzipien der High Reliability Organizations im Unternehmen verankert werden können und in welchem Grade bereits eine Risikokultur ausgebaut ist.

Das Risikomanagement sollte einen zentralen Stellenwert im Qualitätsmanagement der Einrichtung einnehmen. Die Praxis zeigt jedoch, dass aktuell nur wenige Unternehmen über ein schlüssiges und vor allem umfassendes Risikomanagementsystem verfügen. Während aktuelle Qualitätsprüfungen in der Pflege zumindest die Umsetzung (sofern im Rahmen von Schulungen und Arbeitsgruppenpapieren überhaupt von Umsetzung gesprochen werden darf) der Expertenstandards bisher weitestgehend bestätigen können, so mangelt es dennoch in vielen Fällen an einem geeigneten umfassenden Risikomanagement. Beispielsweise stellt allein die Bewertung des Dekubitus- und Sturzrisikos nach einem trivialen Schema bei Weitem noch kein Risikomanagementsystem dar.

1.1 Pflegeeinrichtungen und umfassendes Risikomanagement

Der Arbeitsalltag im Gesundheits- und Sozialwesen ist zunehmend von haftungsrechtlichen Fragestellungen und Anforderungen geprägt. Dass die Versorgung pflegebedürftiger Menschen risikoreich ist oder sein kann, steht unzweifelhaft außer Frage. Vorrangig ist dieses Risiko haftungsrechtlich in den Bereichen der Pflege z. B. der Dekubitus- und Sturzprophylaxe anhängig. Risiken bestehen jedoch auch in den Bereichen Mangelernährung, dem Umgang mit Gewalt in der Pflege und im unsachgemäßen Einsatz von freiheitsentziehenden Maßnahmen sowie weiteren Bereichen. Der Verweis auf ein notwendiges Risikomanagementsystem, welches über den Pflegebedürftigen und die aktuellen Expertenstandards hinausgeht, bleibt jedoch innerhalb der aktuellen Bewertungskriterien des MDK sogar völlig unberücksichtigt. Dabei kann eine mangelnde Berücksichtigung von Risiken fatale Konsequenzen für den Pflegebedürftigen und die Pflegeeinrichtung nach sich ziehen.

1.2 Begegnen Sie einer illusionären Sicherheit

Im Management von Pflegeeinrichtungen ist festzustellen, dass häufig populäre Konzepte vollkommen theorielos oder der Betriebswirtschaftslehre entlehnt zum Einsatz kommen. Der Grund hierfür liegt darin, dass diese Managementkonzepte in vielen Fällen schlüssig erscheinen und z. B. im Bereich Risikomanagement mit Bezug auf die Expertenstandards als vermeintlich wissenschaftlich angepriesen werden. Kombiniert mit einer Portion „Angstmacherei" werden solche Systeme immer wieder fokussiert und offensichtlich auch mehr oder weniger erfolgreich vermarktet. Der wirkliche Nutzen für das Unternehmen bleibt hier jedoch in den meisten Fällen sehr gering. Selbst ein – weit verbreitetes – naturwissenschaftlich geprägtes, formal-normatives Risikoverständnis mit simplifizierenden Ursache-Wirkungsketten wird dem Management dieser kernpflegerischen Felder nicht mehr gerecht und führt zu einer sogenannten Steuerungsillusion, die im Führungs- und im juristischen Kontext folgenreiche Scheiterungsszenarien nach sich ziehen kann. Die Beeinflussung der Risiken einer Organisation ist dementsprechend nicht so leicht zu berechnen wie die Wurfbahn eines Steines oder der Mittelwert der durchschnittlichen Postleitzahl in Deutschland. Hier ist Vorsicht geboten: Lassen sie keine Komplexitätsreduktion durch Trivialisierung im pflegerischen Kernbereich zu (Saßen et al. 2007)!

1.3 Anforderungen an ein umfassendes pflegerisches Risikomanagementsystem

Das Ziel eines umfassenden Risikomanagementsystems im pflegerischen Kernbereich sollte vor diesem Hintergrund mit einer erweiterten Perspektive angegangen werden. Nicht nur pflegerische Assessments, beispielsweise Risikoskalen, sondern vor allem auch Einschätzungssysteme der Ressourcen vor Ort – wie die Umgebung, die Mitarbeiterschaft, die betrieblichen Abläufe und der allgemeine Umgang mit Managementsystemen – müssen in die genauere Betrachtung mit einbezogen werden.

Der Nutzen liegt auf der Hand: Durch die Erweiterung der Perspektive bietet sich die Möglichkeit, frühzeitiger Risiken erkennen zu können und dies ermöglicht so gleichzeitig einen besseren Umgang mit eben solchen. Das Risikomanagement im Pflegebereich darf daher nicht ausschließlich über pflegespezifische Systeme ergründet werden. Dennoch ist zu konstatieren, dass die Bewertung der Dimensionen durch eine oder mehrere Personen auch wiederum risikoreich ist: Interpretationstendenzen sind dabei nicht auszuschließen.

Kapitel 2 // **Grundlagen**

2.1 Risiko

Der Begriff Risiko ist eine Entlehnung aus dem italienischen (risico, risco) des frühen 16. Jahrhunderts aus der kaufmännischen Terminologie. Er ist gleichbedeutend mit den Bezeichnungen Wagnis oder Gefahr (vgl. Görner und Kempcke 1974). Risiko kann zum einen den negativen Ausgang einer Unternehmung ausdrücken, der mit Nachteilen, Verlusten oder Schäden in Verbindung steht. Es kann aber auch ein Vorhaben darstellen, welches mit einem Wagnis verbunden ist, das auf sich genommen wird (vgl. Dudenredaktion 2014). Eine weitere Definition umfasst einen „möglich[en] negativ[en] Ausgang bei einer Unternehmung, mit dem Nachteile, Verlust [oder] Schäden verbunden sind". Diese Definition ist besonders in Hinsicht auf die Schwerpunkte des Risikomanagements im Gesundheitswesen von Bedeutung (Dudenredaktion 2014, S. 1458). Risiko hat also grundsätzlich zwei Bedeutungen. Der Normenausschuss Qualitätsmanagement, Statistik und Zertifizierungsgrundlagen (NQSZ) beschreibt Risiko zudem als „Auswirkung von Ungewissheit auf ein erwartetes Ergebnis" (DIN EN ISO 9001 2014, S. 12). Dabei kann eine Auswirkung eine Abweichung im negativen als auch im positiven Sinne bedeuten. Ungewissheit wird dabei mit fehlenden Informationen über das Ereignis, seine Folgen und möglichen Eintrittswahrscheinlichkeiten assoziiert (vgl. DIN EN ISO 9001 2014). Im Gesundheitswesen, vor allem im Bereich des Krankenhauswesens, werden Leistungen größtenteils durch multiprofessionelle Teams erbracht. Eine stets identische Dienstleistung kann nicht gewährleistet werden, da sowohl Leistungserbringer als auch Leistungsempfänger Menschen sind und durch verschiedene physische und psychische Faktoren beeinflusst werden. Die Behandelnden sind außerdem abhängig von zahlreichen technischen Gegebenheiten, deren Funktionsfähigkeit zu jeder Zeit sichergestellt sein muss. Damit stellen die Arbeit am Bewohner und der gewünschte Erfolg stets ein Wagnis dar, dessen Ziel es ist, einen negativen Ausgang zu verhindern. An diese Stelle tritt das Risikomanagement, es soll Wagnisse sicherer machen und negative Ausgänge verhindern.

Risikoarten

Es gibt verschiedene Arten von Risiken. Exemplarisch werden die systembezogenen Risikoarten erläutert. Dies ist sinnvoll, da grundsätzlich ein systematischer Ansatz und eine ganzheitliche Betrachtung des Systems, sowohl hinsichtlich eines Unternehmens als auch bezüglich der Fehlerbetrachtung, verfolgt werden. Abbildung 1 verdeutlicht, dass systembezogene Risikoarten in externe, institutionelle und strukturelle Risiken aufgegliedert werden können. Externe Risikofaktoren sind wiederum in Risiken des Makro- und des Mikrosystems zu trennen. Zu den externen Risikoarten des Makrosystems zählen soziokulturelle, politisch-rechtliche, ökonomische, technologische und ökologische Risikofaktoren. Risiken des Mikrosystems sind beispielsweise Wettbewerber, Lieferanten, Abnehmer – einfacher gesagt die five forces von Porter. Zu den institutionellen Risiken gehören die Trägerstruktur und die Rechtsform sowie die Unternehmensgröße. Interne Risiken, die u. a. strukturelle Risiken beinhalten, finden sich in Potenzial-, Prozess- und Ergebnisrisiken wieder. Die

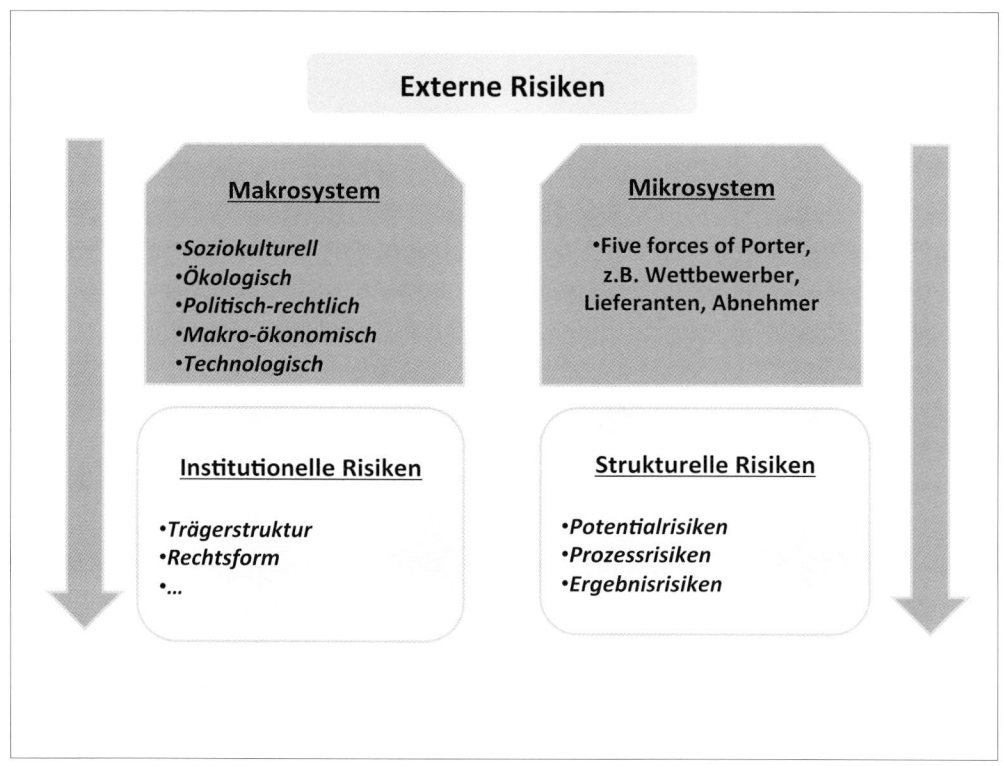

Abbildung 1: Systembezogene Risikoarten *(Quelle: Eigene Darstellung)*

Ressourcen des Unternehmens stellen die Potenzialrisiken dar, dabei spielen Personal und Sachmittel eine große Rolle. Deren Risiken entstehen u. a. durch eine unzureichende qualitative und quantitative Personalausstattung, Mängel in der bereitgestellten Infrastruktur sowie der Einrichtung, Ausstattung und Betriebsfähigkeit. Die Gesamtheit aller Aktivitäten der Dienstleistungserstellung im weiteren Sinne bilden Prozessrisiken. Diese werden in Kern- und Supportprozesse sowie Managementprozessrisiken aufgeteilt, welche die Unternehmensführung, das Controlling oder das Qualitätsmanagement beeinflussen können. Den Abschluss bilden die Ergebnisrisiken, welche sich beispielsweise in Imagerisiken ausdrücken (vgl. Oswald und Henrichs 2011).

Risikomanagement und Risikomanagementsystem

Bei der Analyse des Begriffs Risikomanagement liegen je nach Betrachtungsweise verschiedene Definitionen vor, da abhängig von der eingenommenen Blickrichtung unterschiedliche Aspekte im Fokus stehen (vgl. Kahla-Witzsch 2005). Definitionen, bei denen eher betriebswirtschaftliche Aspekte im Vordergrund stehen, beschreiben Risikomanagement als „spezielle Managementmethode, die die Situation des Unternehmens hinsichtlich Finanz-, Betriebs- und Haftungsrisiko analysiert und entsprechende Maßnahmen vorschlägt" (Schrappe 2010, S. 389). Im Vergleich dazu beschreibt die juristische Definition Risikomanagement als „Prozessanalyse mit dem Ziel, Risikosituationen mit möglichen haftungsrechtlichen Konsequenzen aufzudecken und zu vermeiden" (Schrappe 2010, S. 389). Die juristische Definition ist aufgrund ihrer eingenommenen Blickrichtung eher auf haftungsrechtliche Konsequenzen ausgerichtet, greift allerdings zu kurz, da lediglich Schäden und Verschulden im Mittelpunkt stehen. Risiken sind jedoch vielfältig und entstehen auch losgelöst von rein haftungsrechtlichen Fragen. Für das Gesundheitswesen passend ist daher die folgende Definition: „Managementmethode, die das Ziel hat, in einer systematischen Form Fehler und unerwünschte Ereignisse zu erkennen, zu analysieren und zu vermeiden" (Schrappe 2010, S. 389). Dazu zählt ebenfalls die Ergreifung von Maßnahmen zur Bewertung der kontinuierlichen Wirksamkeit (vgl. Kahla-Witzsch 2005). Diese Definition beschränkt sich nicht auf einzelne Risikobereiche und macht zudem den präventiven Charakter des Risikomanagements deutlich, ohne dabei eine Ex-post Betrachtung außer Acht zu lassen.

Setzt man den Begriff Systematik in Zusammenhang mit dem Begriff des Risikomanagementsystems, ist eine Definition aus der Biologie passend, die sie als Wissenschaft von der „Vielfalt der Organismen mit ihrer Erfassung in einem System" beschreibt (Duden online 2015, o.S.). Risikomanagement sollte also ein umfassendes System sein und nicht nur einzelne Bereiche streifen, sondern die verschiedenen Sichtweisen innerhalb eines Systems abbilden. Außer Acht gelassen werden darf dabei nicht die weitere Bedeutung des Substantivs System an sich, das als „planmäßige, einheitliche Darstellung" definiert wird (Duden online 2015, o.S). Es ist daher zum einen wichtig, verschiedene Blickweisen einzunehmen, zum anderen sollte aber auch systematisch, das bedeutet in diesem Fall geplant, gezielt und strukturiert vorgegangen werden.

Ausrichtungen des Risikomanagements

Wie bereits umschrieben, gibt es verschiedene mögliche Betrachtungsweisen, aus denen heraus Risikomanagement betrieben werden kann. Im Folgenden sollen die verschiedenen Arten des Risikomanagements für einen kurzen Überblick genauer skizziert werden.

Betriebswirtschaftliches Risikomanagement

Das betriebswirtschaftliche Risikomanagement wird vor allem durch das Gesetz zur Kontrolle und Transparenz im Unternehmensbereich (KonTraG) reguliert, welches Aktiengesellschaften die Einrichtung eines Überwachungssystems vorschreibt. Zweck dessen ist die Sicherstellung des Fortbestandes der Gesellschaft durch Früherkennung gefährdender Entwicklungen. Risikofrüherkennungssysteme müssen ebenfalls für Tochterunternehmen etabliert werden, wenn bestandsgefährdende Auswirkungen auf das Mutterunternehmen bestehen. Das KonTraG besitzt eine Ausstrahlungsfunktion, die u. a. auch Krankenhäuser, beispielsweise bei der Gesellschaftsform einer GmbH, dazu verpflichtet, ein Risikofrüherkennungssystem einzuführen. Gemäß § 43 Abs. 1 und 2 GmbHG und § 93 Abs. 1 und 2 AktG kann eine Missachtung der Vorschriften zur persönlichen Haftung der Unternehmensleitung führen (vgl. Hagg und Görtz 2011). Die Ausstrahlung ist abhängig von der Größe des Unternehmens. Aufgrund der Vielzahl auch „kleiner" Leistungsanbieter (Pflegeheime, Pflegedienste) wird auf das wirtschaftliche Risikomanagement, vor allem mit Blick auf das KonTraG, nicht näher eingegangen.

Juristisches Risikomanagement

Des Weiteren kann Risikomanagement auch aus einer juristischen Sichtweise betrachtet werden. Ulsenheimer et al. beschreibt Risikomanagement als Früherkennung von Gefahrenzuständen durch systematische Fehlersuche und Schadensuntersuchung, die nicht nur medizinische, sondern auch – und vor allem – juristische, organisatorische, technische, bauliche und sonstige haftungsrechtliche Aspekte in den Blick nimmt (Ulsenheimer et al. 1996, S. 1280).

Dabei ist vor allem eine ganzheitliche Betrachtung der Haftung in allen Bereichen sinnvoll.

Klinisches Risikomanagement

Bei der Analyse des Themas Risikomanagement fällt auf, dass Selbiges im Bereich des Gesundheitswesens in der Literatur meist als klinisches Risikomanagement verstanden wird. Synonyme sind u. a. medizinisches oder patientenorientiertes Risikomanagement. Ziel dessen ist die Optimierung der Patientensicherheit (vgl. Holzer et. al. 2004). Spezifischer gesagt handelt es sich dabei um ein Präventionssystem, das die Reduktion von Risiken und dabei die ständige Verbesserung der Behandlungsqualität und der Patientensicherheit im Auge hat. Ebenso dient es der Abwehr ungerechtfertigter Anspruchsstellungen durch den Patienten (vgl. Führing 2004, zitiert nach Kahla-Witzsch 2005). An dieser Stelle gibt es einen Schnittpunkt zum juristischen Risikomanagement. Es betrachtet Strukturen, Prozesse und Ergebnisse aus bereits intern oder in vergleichbaren Einrichtungen eingetretenen Schadensereignissen. Ziel ist die Identifizierung und Bewertung potenzieller Risiken und die Umsetzung präventiver Maßnahmen (vgl. Kahla-Witzsch 2005).

Neben den drei bereits genannten Ausrichtungen des Risikomanagements gibt es noch weitere Betrachtungsweisen, wie unter anderem mitarbeiterorientiertes Risikomanagement oder Business Continuity Management (vgl. Hellmann 2010). Auf die Erläuterung dieser wird aufgrund des Umfangs des Publikationszuschnitts verzichtet.

Aufgrund der bereits angerissenen Schnittstellen der unterschiedlichen Ausrichtungen des Risikomanagements ist eine einseitige Betrachtungsweise von Selbigem nicht sinnvoll. Vielmehr ist eine ganzheitliche Ausrichtung des Risikomanagements anzustreben, um den langfristigen Erhalt eines Unternehmens zu sichern (vgl. Hellmann 2010).

2.2 Risikomanagement im gesetzlichen Kontext

Risikomanagement wird stark von gesetzlichen Vorschriften beeinflusst, daher wird im Weiteren ein Auszug der wichtigsten gesetzlichen Rahmenbedingungen vorgestellt. Dazu zählt u. a. das Patientenrechtegesetz (PatRG) und damit einhergehend die Änderungen im Bürgerlichen Gesetzbuch (BGB), im Krankenhausfinanzierungsgesetz (KHG) sowie im Bereich der sozialen Krankenversicherung (SGB V). Neben der Darstellung des Patientenrechtegesetzes findet ein Anriss der vertraglichen und deliktischen Haftung statt, um Haftungsabgrenzungen vornehmen zu können und das Bewusstsein für mögliche Haftungskonsequenzen zu stärken. Es scheint nur eine Frage der Zeit zu sein, bis ähnliche Normierungen im SGB XI angelangt sind.

Die Situation in Krankenhäusern/Patientenrechtegesetz innerhalb des BGB

Am 26. Februar 2013 ist das Patientenrechtegesetz (PatRG) als Artikelgesetz in Kraft getreten, welches Änderungen bei geltenden Gesetzen vornimmt sowie diese um neue Vorschriften ergänzt. Änderungen finden sich im Bürgerlichen Gesetzbuch (BGB), dem Recht der gesetzlichen Krankenversicherung (SGB V), der Patientenbeteiligungsverordnung (PatBeteiligungV) und dem Krankenhausfinanzierungsgesetz (KHG). Viele Regelungen des PatRG wurden zuvor über das Richterrecht begründet (vgl. Wenzel 2014). Im Kern des PatRG steht die Einführung des Behandlungsvertrages und des Arzthaftungsrechts in das BGB, welche sich in den §§ 630a-h BGB wiederfinden. Des Weiteren ist eine Verbesserung der Fehlervermeidungskultur, eine Erweiterung der Verfahrensrechte bei Behandlungsfehlern als auch die Stärkung von Rechten gegenüber den Leistungsträgern und die Stärkung der Patientenbeteiligung beabsichtigt (vgl. Thole und Schanz 2013).

§ 630a BGB Vertragstypische Pflichten des Behandlungsvertrages und § 630b BGB anwendbare Vorschriften

Ein Behandlungsvertrag ist ein Dienstvertrag privatrechtlicher Natur. Derjenige, der den Vertrag abschließt, schuldet dem Patienten eine Dienstleistung, im engeren Sinne eine medizinische Behandlung. Der Patient schuldet dem

Vertragspartner im Gegenzug die Vergütung. Derjenige, der den Vertrag abschließt und somit die Leistung zusagt, kann ein Arzt (bspw. Belegarzt) oder aber eine Klinik sein. Des Weiteren hat „die Behandlung [...] nach den zum Zeitpunkt der Behandlung bestehenden, allgemein anerkannten fachlichen Standards zu erfolgen, soweit nicht etwas anderes vereinbart ist" (§ 630a BGB Abs. 2). Das bedeutet, dass Abweichungen von Leitlinien der Fachgesellschaften oder anerkannter Regelungskodizes für die Diagnose und Behandlung begründet werden müssen. Ärzte und Kliniken müssen sich daher über die aktuellen Leitlinien informieren. Bei Klärung eines Behandlungsfehlers ist nach Wenzel, der einen Leitfaden für die Interpretation des PatRG entwickelt hat, daher folgende Frage zu stellen:

Hat der Arzt unter Einsatz der von ihm zu fordernden medizinischen Kenntnisse und Erfahrungen im konkreten Fall unter primärer Beachtung des allgemein anerkannten Standards vertretbare Entscheidungen über die diagnostischen sowie therapeutischen Maßnahmen getroffen und diese Maßnahmen sorgfältig durchgeführt? (Wenzel 2014, S. 35).

Der medizinische Standard beinhaltet, wenn im Gesetz auch nicht ausdrücklich erwähnt, ebenfalls einen organisatorischen Standard, da dieser den medizinischen umgehend beeinflusst (vgl. Wenzel 2014).

Da der Behandlungsvertrag als Dienstvertrag eingestuft wird, gelten für diesen auch die Regelungen aus dem allgemeinen Dienstvertragsrecht. Wichtig ist an dieser Stelle die höchstpersönliche Leistungserbringung, d. h. der Behandelnde unterliegt der persönlichen Leistungserbringungspflicht (vgl. § 613 BGB). Veranlasst er hingegen die medizinischen Leistungen, delegiert diese an also Dritte, so ist die höchstpersönliche Leistung dieses Dritten sicherzustellen. Die Verantwortung bleibt bei dem zur Leistung Verpflichteten, auch bei der Delegation von Selbiger (vgl. Wenzel 2014). Die Leistungserbringung im Sektor des SGB XI (Pflegeheime, Pflegedienste) findet im Lichte dessen unter denselben Prinzipien, jedoch unter differenten Paragrafen die gleiche Anwendung.

§ 630c BGB Mitwirkung der Vertragsparteien, Informationspflichten

Die Aufforderung „Behandelnder und Patient sollen zur Durchführung der Behandlung zusammenwirken" stellt den ersten Absatz des Paragrafen dar und macht deutlich, dass es ein Miteinander zwischen Patient und Behandelndem geben soll (§ 630c BGB Abs. 1). Der Behandelnde ist zudem dazu verpflichtet, den Patienten über wesentliche Umstände aufzuklären, die die Diagnose, die gesundheitliche Entwicklung, die Therapie sowie zu ergreifende Maßnahmen beeinflussen. Neben einer Aufklärungspflicht (vgl. § 630e BGB) hat der Behandelnde also auch eine therapeutische Informationspflicht. Steht ein Behandlungsfehler im Raum, so ist der Behandelnde auf Nachfrage des Patienten hin offenbarungspflichtig. Vor Beantwortung der Nachfrage des Patienten ist zwischen Misserfolg und Pflichtwidrigkeit zu unterscheiden. Eine Pflichtwidrigkeit sollte keinesfalls direkt beantwortet werden, da es sich dabei um eine Bewertungsfrage handelt. Bei Misserfolg, Unregelmäßigkeit oder einem unerwarteten Umstand sowie bei Nachfrage des Patienten ist der Behandelnde hingegen informationspflichtig. Ebenso ist er informationspflichtig zur Abwehr von gesundheitlichen Gefahren. Der Behandelnde hat des Weiteren über die womöglich entstehenden Behandlungskosten in Textform zu informieren, darunter fallen auch unklare Kostenerstattungsanfragen (vgl. Wenzel 2014).

§ 630d BGB Einwilligung

Vor Beginn einer Behandlung, speziell einem Eingriff in die körperliche Unversehrtheit, hat der Behandelnde die Einwilligung des Patienten einzuholen. Ist dies nicht möglich, da keine Einwilligungsfähigkeit des Patienten vorliegt, so ist die Einwilligung über einen Berechtigten einzuholen. Bei einer unaufschiebbaren Maßnahme ist der mutmaßliche Wille zu prüfen. Seit dem PatRG sind vom Patienten unterzeichnete Unterlagen hinsichtlich der Bestätigung der Einwilligung dem Patienten in Kopie auszuhändigen. Die Ausgabe der Kopie der Einwilligung muss vom Patienten schriftlich bestätigt werden (vgl. Wenzel 2014).

§ 630e BGB Aufklärungspflichten

Wesentlich bei der Aufklärung sind die Punkte Mündlichkeit, Rechtzeitigkeit sowie Verständlichkeit. Dabei ist über Art, Umfang, Durchführung, Folgen, Risiken, Notwendigkeit, Dringlichkeit, Eignung und Erfolgsaussichten sowie über Alternativen aufzuklären. Seit dem PatRG darf die Aufklärung nur durch ausgebildetes Fachpersonal, das in der Lage ist, die Behandlung eigenständig durchzuführen, erfolgen. Dem Patienten sind ebenfalls Kopien der unterschriebenen Aufklärungsunterlagen auszuhändigen (vgl. Wenzel 2014).

§ 630f BGB Dokumentation der Behandlung

Die Dokumentationspflicht ist ebenso in den Berufsordnungen sowie den Heilberufs- und Kammergesetzen verankert. Der Behandelnde ist dazu verpflichtet, eine Patientenakte unmittelbar im zeitlichen Zusammenhang mit der Behandlung zu führen. Änderungen sind kenntlich zu machen. Zu den Aufzeichnungen gehören

Anamnese, Diagnosen, Untersuchungen, Untersuchungsergebnisse, Befunde, Therapien und ihre Wirkungen, Eingriffe und ihre Wirkungen, Einwilligungen und Aufklärungen. Arztbriefe sind mit in die Patientenakte aufzunehmen (§ 630f BGB Abs. 2).

Die Dokumentation muss für einen Fachmann verständlich sein. Die Aufbewahrungsfrist beträgt in der Regel zehn Jahre, soweit es keine anderen Vorgaben gibt. Wie bereits in den oberen Abschnitten erwähnt, ist es seit dem PatRG neu, dass Einwilligungen und Aufklärungen zu dokumentieren sind (vgl. Wenzel 2014).

§ 630g BGB Einsichtnahme in die Patientenakte

Seit dem PatRG hat der Patient die Möglichkeit, „auf Verlangen unverzüglich Einsicht in die vollständige, ihn betreffende Patientenakte" zu erhalten (Wenzel 2014, S. 111ff.). Auch eine elektronische Abschrift kann vom Patienten verlangt werden, die Kosten sind dabei vom Patienten zu erstatten. Eine Ablehnung muss begründet werden (vgl. Wenzel 2014).

§ 630h BGB Beweislast bei Haftung für Behandlungs- und Aufklärungsfehler

Grundsätzlich liegt die Beweislast für Behandlungsfehler beim Patienten. Dies betrifft folgende Bereiche: Pflichtverletzung, Gesundheitsbeeinträchtigungen, ärztliches Verschulden sowie die Darstellung eines Ursachenzusammenhangs zwischen Schaden und Pflichtverletzung. Mithilfe des PatRG wird die Beweislast für den Patienten vereinfacht, da es im Bereich der vollbeherrschbaren Risiken, groben Behandlungsfehler sowie der Aufklärung und Einwilligung zu einer Beweislastumkehr kommt. Vollbeherrschbare Risiken sind solche, welche hätten vermieden werden können, meistens auf technisch-apparative Bereiche, Verrichtungen am Patienten oder im Bereich der Organisation und Koordination bezogen. Aufgrund der Einwirkung von Risikomanagement in diesen Bereichen wird auf diese Punkte nochmal explizit eingegangen. Innerhalb des technisch-apparativen Bereichs ist die Behandlungsseite dazu verpflichtet, bei einem Schaden ein Verschulden aufgrund eines Gerätefehlers zu widerlegen. Um sicherzustellen, dass auch bei Defekt eines Gerätes oder einer nicht einwandfreien Funktion die Haftung ausgeschlossen ist, sind folgende Nachweise zu führen:

- sachgemäße Wartung,
- Defekt zuvor nicht vorhersehbar,
- Überprüfung vor Inbetriebnahme,
- Defekt nicht durch Behandelnden oder seinen Gehilfen entstanden,
- Ausschluss von Bedienungsfehlern.

Unter Verrichtungen am Patienten sind unter anderem Lagerungsfehler, Sturz- oder Transportfälle zu verstehen. Lagerungsfehler sind durch korrekte Vorbeugemaßnahmen auszuschließen. Ob Dekubitusfälle als voll beherrschbar eingestuft werden, ist in der aktuellen Rechtsprechung noch nicht abschließend geklärt. Rein medizinische Gründe, aufgrund derer Schäden in Kombination mit Lagerungsfehlern entstehen, werden als nicht beherrschbar eingestuft.

Unter den Bereich Organisation und Koordination fallen auch die hygienischen Anforderungen. Ein Entlastungsbeweis ist durch folgende Maßnahmen sicherzustellen:

- Personaleinsatz entsprechend der Bestimmungen,
- Hygiene-, Reinigungs- und Desinfektionspläne zugänglich machen und Anwendung prüfen,
- Kontrolle und Dokumentation von Maßnahmen sowie kontinuierliche Überprüfung dieser zur Gefahrenabwehr und
- Führen von Infektionsstatistiken.

Ein Entlastungsbeweis ist nicht möglich, wenn elementare Hygienegebote missachtet werden (grobe Fehler) oder keine bzw. eine unzureichende Reaktion bei realisierten Infektionen vorliegt. Infektionen an sich gehören nicht zu den beherrschbaren Risiken. Neben Vorrichtungen zum Schutz und zur Einhaltung der Hygienevorschriften liegen beherrschbare Risiken auch in der allgemeinen Organisation, beispielsweise:

- personelle und sächliche Ausstattung,
- bauliche Strukturen,
- Abläufe im OP (z. B. Fremdmaterial vergessen),
- Überwachung der Patienten (Narkoseüberwachung) und
- Aufklärung.

Zum Erlangen eines Entlastungsbeweises muss eine Organisationsroutine vorliegen, welche das Risiko in der Regel ausschließen würde. Diese Organisationsroutine zu schaffen und zu überprüfen, ist Teil des Risikomanagementsystems.

Bei groben Behandlungsfehlern, im engeren Sinne groben Diagnosefehlern, groben Therapiefehlern oder groben Organisationsfehlern liegt immer eine Beweislastumkehr zu Lasten des Behandelnden oder Organisierenden vor. Auch ein einfacher Befunderhebungsfehler kann zur Beweislastumkehr führen, wenn dessen Nichterhebung oder Verkennen des Befundes sich als grob fehlerhaft darstellen würde. Eine geringe Wahrscheinlichkeit, dass der Fehler den Schaden verursachen könnte, genügt, um einen Ursachenzusammenhang herzustellen und die Beweislast umzukehren. Auf die Bereiche Aufklärung und Dokumentation ist im vorherigen Absatz bereits eingegangen worden (vgl. Wenzel 2014).

Leitlinien des G-BA

Mit Einführung des Gesetzes zur Verbesserung der Rechte von Patienten im Februar 2013 ist es für nach §108 SGB V zugelassene Krankenhäuser (vgl. §108 SGB V) verpflichtend, neben der Führung eines qualitätsinternen Managements nach §135a Abs. 2 Nr. 2 SGB V ein patientenorientiertes Beschwerdemanagement zu führen sowie innerhalb der Qualitätsberichte nach §137 Abs. 3 Nr. 4 über die Führung eines Risikomanagement- und Fehlermeldesystem zu informieren (vgl. §137 Abs. 1d). Der G-BA hat die Aufgabe Mindeststandards und Anforderungen zu entwickeln, „die in besonderem Maße geeignet erscheinen, Risiken und Fehlerquellen in der stationären Versorgung zu erkennen, auszuwerten und zur Vermeidung unerwünschter Ereignisse beizutragen" (Hecken 2014, S. 2). Obwohl die oben aufgeführten Paragrafen nicht für Privatkliniken nach § 30 GewO gelten, ist es sinnvoll, diese näher zu betrachten, da eine Ausstrahlungsfunktion gegeben ist. Die Anforderungen und Mindeststandards teilen sich zunächst auf das klinische Risikomanagement und in Fehlermeldesysteme auf. Im Bereich des klinischen Risikomanagements sind „wesentliche Maßnahmen zur Weiterentwicklung der Patientensicherheit ein- und durchzuführen", welche sich in den festgelegten Mindeststandards des G-BA folgendermaßen gestalten (Hecken 2014, S. 3):

- Risikomanagement ist anhand der Strategie und der Ziele der Unternehmen auszurichten und anhand eines „systematischen, strukturierten und zeitgerechten Ansatzes" umzusetzen (Hecken 2014, S. 3).

- Anwendung eines strukturierten Risikomanagementprozesses mit den Phasen der „Risikoerkennung, -bewertung und -bewältigung" (Hecken 2014, S. 3).

- Schaffung von „aufbau- und ablauforganisatorischen Rahmenbedingungen", wie Schulungen, Fallanalysen und -besprechungen (Hecken 2014, S. 3).

- Benennen eines Verantwortlichen.

- Berichterstattung sowie interne und externe Kommunikation der Risiken.

- Risikobeurteilung durch „qualifizierten Einsatz etablierter Methoden", Einbezug der Patientenperspektive sowie adäquate Beurteilung identifizierter Risiken und Ableitung von Präventionsmaßnahmen (Hecken 2014, S. 4).

- Integrative Entwicklung von Risiko- und Qualitätsmanagement ohne Entwicklung von Doppelstrukturen.

- Anwendung eines kontinuierlichen Verbesserungsprozesses (PDCA-Zyklus).

- Risikomanagementsystem laufend überprüfen.

- Definierung von Ressourcen.

Fehlermeldesysteme sind nochmal zu unterteilen in einrichtungsinterne und einrichtungsübergreifende Fehlermeldesysteme. Fehlermeldesysteme sind gleichzusetzen mit Critial Incident Reporting Systemen (CIRS). Laut dem G-BA ist ein Fehlermeldesystem als Berichts- und Lernsystem zu verstehen. Durch „Erfassung von Beinahe-Fehlern, kritischen Ereignissen und unerwünschten Vorkommnissen" soll ein gegenseitiges Lernen ermöglicht werden (Hecken 2014, S. 4). Eine Speicherung von personen- oder ortbezogenen Daten soll nicht stattfinden. Für einrichtungsinterne Fehlermeldesysteme sind folgende Mindeststandards festgelegt worden:

- Sie müssen „niederschwellig zugänglich und einfach zu bewerkstelligen sein" (Hecken 2014, S. 4).

- Eine freiwillige, anonyme und sanktionsfreie Meldung muss gewährleistet werden.

- Sie sind ungeeignet für ein Schadenberichtssystem; keine Klärung von Schuld- oder Haftungsfragen durch Fehlermeldesysteme.

- Meldungen dürfen, außer in begründeten Ausnahmen, nicht zum Nachteil des Meldenden verwendet werden.

- Zeitnahe Rückmeldung an alle Betroffenen.

- Anwendung eines kontinuierlichen Verbesserungsprozesses (PDCA-Zyklus).

Zweck einrichtungsübergreifender Fehlermeldesysteme ist die Schaffung von Synergieeffekten zwischen verschiedenen Leistungserbringern. Diese Synergieeffekte werden durch die erhöhte Datenbasis, als Folge einer höheren Fehlermeldung sowie der Möglichkeit von Rückmeldung auf einzelne Beiträge durch externe Personen oder Einrichtungen, erbracht. So wird der Blickwinkel erweitert und unterschiedliche Erfahrungen werden ausgetauscht. Idee ist es, unter anderem durch den Austausch von Strategien und möglichen Lösungswegen, Muster zu erkennen, die der Entwicklung von Frühwarnsystemen förderlich sind. Die Mindeststandards entsprechen zum größten Teil denen der einrichtungsinternen Frühwarnsysteme.

Neben der Durchführung von Risikomanagement und Fehlermeldesystemen sind die Krankenhäuser zudem verpflichtet, ein patientenorientiertes Beschwerdemanagement zu führen. Das Beschwerdemanagement hat dabei große Schnittstellen zum Risikomanagement und zu Fehlermeldesystemen und erhöht somit unter anderem die Patientensicherheit. Zu regeln ist, dass über die mit dem Beschwerdemanagement betrauten Personen Transparenz hinsichtlich Stellung und Kompetenz vorliegt und eine umfassende und zeitnahe Bearbeitung (Rückmeldung, Konsequenzen, Ergebnis) der Beschwerden stattfindet.

Die genaue Umsetzung und Ausgestaltung liegt in der Hand der Krankenhäuser und ist an den speziellen Gegebenheiten der Unternehmen auszurichten. Die geforderten Maßnahmen sind verpflichtend, werden allerdings keiner Überprüfung durch Dritte unterzogen (vgl. Hecken 2014).

Vertragliche und deliktische Haftung

Bei der Haftung sind vor allem zwei Haftungsgrundlagen zu unterscheiden: die vertragliche und die deliktische Haftung. Bei der vertraglichen Haftung ist zunächst der Abschluss eines Vertrages obligatorisch. Vereinfacht kann gesagt werden, dass derjenige haftet, der die Vergütung erhält. Im Bereich des Pflegeheimbetriebs handelt es sich dabei meist um den Heimvertrag, den der Bewohner mit der Pflegeeinrichtung abschließt. Anzumerken ist dabei, dass es sich bei Leistungen immer um einen Dienstleistungsvertrag handelt. Das bedeutet, dass dem Bewohner eine ordentliche Dienstleistung entsprechend dem jeweiligen Standard geschuldet wird, allerdings kein ausdrücklicher „Behandlungserfolg". Bei einem Schadensersatzanspruch liegt die Anspruchsgrundlage im § 280 Abs. 1 Satz.1 BGB. Haftbar ist eigenes Verschulden (§ 276 BGB), welches sich in fehlerhaften Prozessbeschreibungen, baulichen Voraussetzungen oder der Personalausstattung ausdrücken kann. Hauptsächlich fremdes Verschulden (§ 278 BGB) durch Erfüllungsgehilfen – da der Heimträger nicht persönlich tätig geworden ist, bei denen zudem kein Entlastungsbeweis möglich ist, kann ursächlich sein. Erfüllungsgehilfen können also im Wesentlichen die Mitarbeiter des Unternehmens darstellen. Die deliktische Haftung hingegen wird auch als „Jedermannshaftung" definiert, bei der unerlaubtes Handeln im Vordergrund steht. Anspruchsgrundlage hierbei sind §§ 838ff. BGB. Es wird für eigenes Verschulden (§ 823 BGB), aber auch für die fehlerhafte Auswahl und Überwachung der Hilfsperson, auch Verrichtungsgehilfe genannt, gehaftet. Ein Entlastungsbeweis ist im Gegensatz zur vertraglichen Haftung nach § 823 Abs. 1 Satz 2 möglich, ebenso für das Organisationsverschulden (vgl. Heimbücher 2003).

2.3 Fehler

Die Risikointensität kann durch Fehler gesteigert werden. Fehler sind allerdings vielfältig und nicht zu pauschalisieren. Des Weiteren gibt es verschiedene Termini zum Begriff Fehler, die juristisch und epidemiologisch teils unterschiedlich gehandhabt werden. Für ein modernes Fehlerverständnis werden die Unterschiede und Begrifflichkeiten erläutert. Der Unterschied ist beispielsweise im Begriff des Beinahe-Schadens und Beinahe-Fehlers erkennbar (vgl. Schrappe 2010). Im weiteren Verlauf werden die für die Medizin relevanten epidemiologischen Termini erläutert, welche vom Sachverständigenrat sowie dem Aktionsbündnis Patientensicherheit zusammengefasst werden. Da die Begriffe in der Literatur zum Teil in der englischen Variante angegeben werden, ist der englische Begriff in Klammern zusätzlich aufgeführt.

Ausgangspunkt ist zunächst ein Ereignis (engl.: event, incident), das ein unerwünschtes Ereignis und/oder einen Fehler darstellt. Bei einem Fehler (engl.: error) handelt es sich um eine Regelverletzung (vgl. Wille et al. 2007). Dies wiederum bedeutet, dass es sich entweder um eine aktive „Handlung oder ein Unterlassen, bei dem eine Abweichung vom Plan, ein falscher Plan oder kein Plan vorliegt" (Aktionsbündnis Patientensicherheit o.J., o.S.). Fehler bedeutet dabei nicht, dass daraus direkt ein Schaden entsteht. Von Fehlern abzugrenzen sind daher Unerwünschte Ereignisse (UE) (engl. adverse event), bei denen ein Schaden vorliegt, häufig bezeichnet als „negatives Ergebnis" (Wille et al. 2007, S. 241). Eine weitere Bezeichnung ist „schädliches Vorkommnis" (Aktionsbündnis Patientensicherheit o.J., o.S.). UE beziehen sich allerdings eher auf die Behandlung als auf den Krankheitsverlauf selbst. UE können einerseits vermeidbar oder aber auch unvermeidbar sein. Erstgenannte werden in der Fachliteratur als Vermeidbare Unerwünschte Ereignisse (VUE) (engl.: adverse event) bezeichnet. VUE sind auf Fehler zurückzuführen. Unterschieden werden im Weiteren kritische Ereignisse (engl.: critical incident), wobei es sich um Ereignisse handelt, die mit einer erhöhten Wahrscheinlichkeit zu einem UE führen. Fehler, bei denen keine UE auftreten, d. h. Fehler ohne das ein Schaden vorliegt, werden als Beinahe-Schäden (engl.: near miss) beschrieben. Zudem sind Behandlungsfehler zu unterscheiden (engl.: negligent adverse event). Bei diesen handelt es sich um ein VUE, bei dem eine Verletzung der Sorgfaltspflicht Voraussetzung ist (vgl. Wille et al. 2007, S. 241ff.; Aktionsbündnis Patientensicherheit o.J., o.S.). Abbildung 2 zeigt die Verbindungen und Unterscheidungen nochmals auf.

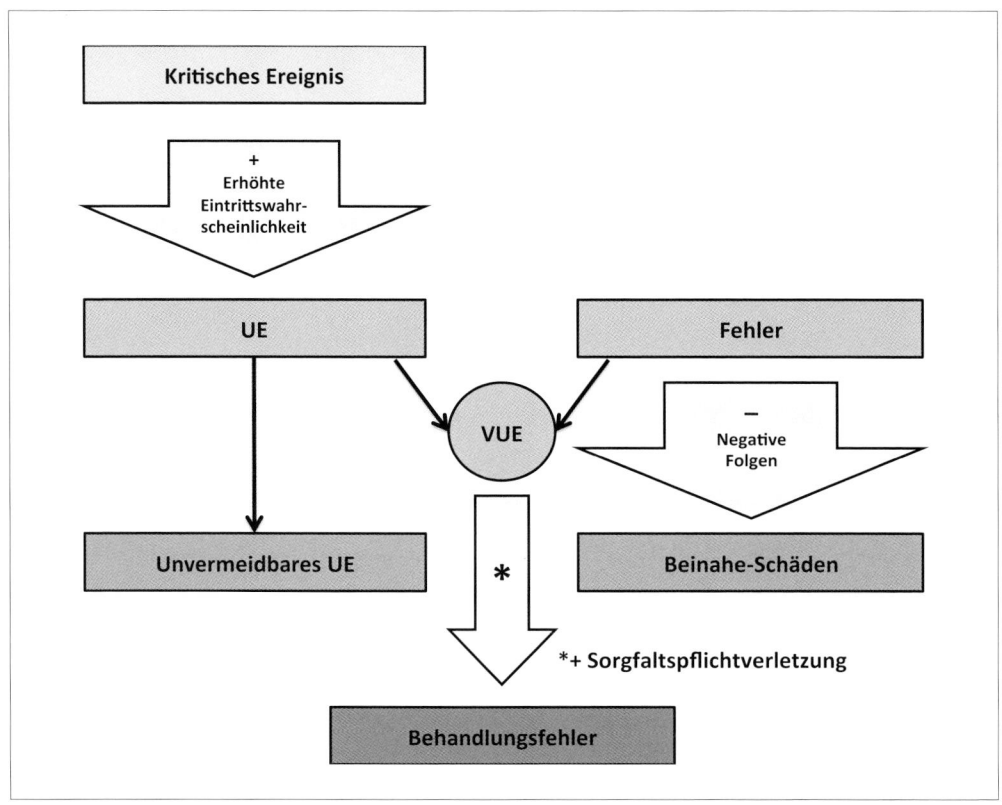

Abbildung 2: Fehler *(Quelle: In Anlehnung an Wille et al. 2007, S. 242)*

Fehlertypen

Nicht jeder Fehler tritt mit der gleichen Wahrscheinlichkeit auf. Daher muss zwischen systematischen, zufälligen und sporadischen Fehlern unterschieden werden. Systematische Fehler treten immer wieder in derselben Art und Weise auf, unabhängig von der ausführenden Person. Solchen Fehlern ist durch Trainings oder Prozessveränderungen vorzubeugen. Zufällige Fehler treten aus verschiedenen Ursachen auf, die zuvor nicht verhindert werden können. Diesen Fehlern ist mit zusätzlichen Sicherungssystemen entgegenzuwirken, die ihre Auswirkungen abfangen. Sporadische Fehler hingegen treten selten und ohne erkennbares Muster auf. Eine Beseitigung ist nur mit einem erhöhten Kostenaufwand realisierbar und beansprucht aufwändige Analysen (vgl. Badke-Schaub et al. 2012). Eine adäquate Reaktion auf Fehler ist nur möglich, wenn die Art des Fehlers klar bestimmt wird. Abbildung 3 stellt die verschiedenen Fehlertypen nochmals dar.

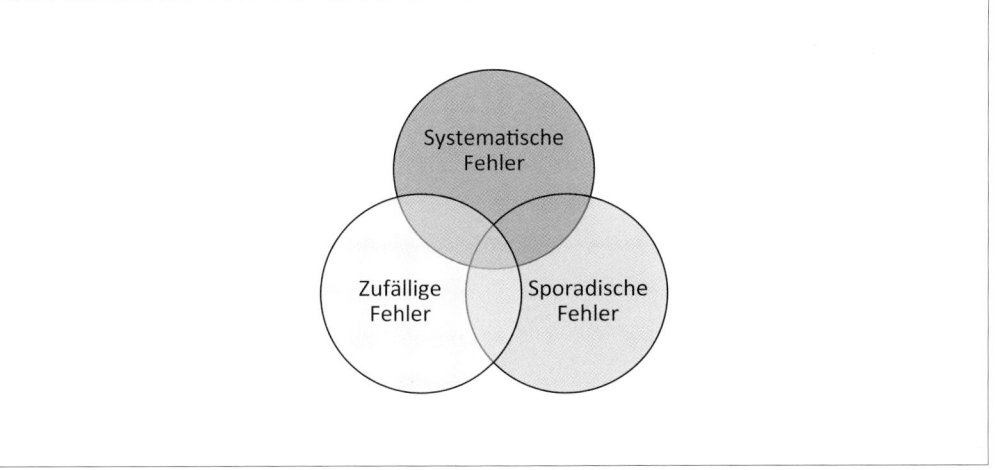

Abbildung 3: Fehlertypen *(Quelle: Eigene Darstellung)*

Unterscheidung von Fehlern

Es ist notwendig, sich verschiedene Fehlerarten näher anzuschauen und diese zu unterscheiden, denn „Fehler werden in Motivationsprozessen und in internen oder extern [...] auslösenden Bedingungen gesehen" (Badke-Schaub et al. 2012, S. 50). Reason unterteilt menschliche Fehler (engl. human failure) generell in Fehler (engl.: errors) und Verstöße (engl. violations) (vgl. Reason 1990, zitiert nach Fahlbuch et al. 2008). Bei Verstößen werden sinnvolle Regeln nicht angewendet, Fehlerdefinitionen wurden in Abschnitt 2.3 bereits erläutert. Vereinfacht sind Fehler und Verstöße auch dadurch auseinander zu halten, dass Fehler i.d.R. unbeabsichtigt, Verstöße hingegen beabsichtig sind (vgl Euteneier 2014). Fehler können nochmals aufgegliedert werden in Schnitzer/Ausrutscher (engl.: slips) und Irrtürmer (engl.: mistakes). Bei einem Schnitzer liegt ein angemessener Plan vor, allerdings verläuft die Handlung nicht wie erwünscht. Schnitzer werden nochmals unterschieden in Aufmerksamkeitsfehler (engl. attentional slips of action) und Gedächtnisfehler (engl.: lapses of memory). Aufmerksamkeitsfehler beziehen sich auf beobachtbare Handlungen und werden somit auch als Wahrnehmungsfehler assoziiert. Gedächtnisfehler hingegen sind nur schwer beobachtbar. Bei einem Irrtum verläuft die Handlung zwar nach Plan, allerdings ist dieser nicht angemessen, um das gewünschte Ziel zu erreichen. Irrtürmer unterteilen sich in regelbasierte Fehler (engl: rule-based mistakes) oder wissensbasierte Fehler (engl.: knowledge-based mistake). Dabei beruhen regelbasierte Fehler auf einer falschen Anwendung einer guten mentalen Regel und umgekehrt. Wissensbasierte Fehler entstehen, wenn noch keine vorgefertigte Lösung existiert und die Lösung erst noch zu generieren ist. Verstöße werden lediglich in „Misvention" und Fehlanwendung (engl. mispliance) unterschieden. „Misvention" umfasst ein Verhalten, bei dem zum einen von einer angemessenen sicherheitsrelevanten Prozedur abgewichen wird und zum anderen Fehler vorliegen, die zu einem unsicheren Ereignis führen. Bei Fehlanwendungen steht die irrtümliche Einhaltung einer nicht angemessenen oder nicht akkuraten Prozedur im Fokus, die zu einem unsicheren Ergebnis führt (vgl. Reason 1990, zitiert nach Fahlbuch et al. 2008). Abbildung 4 stellt die Unterscheidungen von Fehlern grafisch dar.

Ansätze der Fehlerbetrachtung

Nachdem die Terminologie des Fehlerbegriffs angerissen wurde, gilt es im Folgenden auf zwei mögliche Betrachtungsweisen von Fehlern einzugehen: Zum einen die Sicht des personalisierten Ansatzes (engl.: personal approach) und

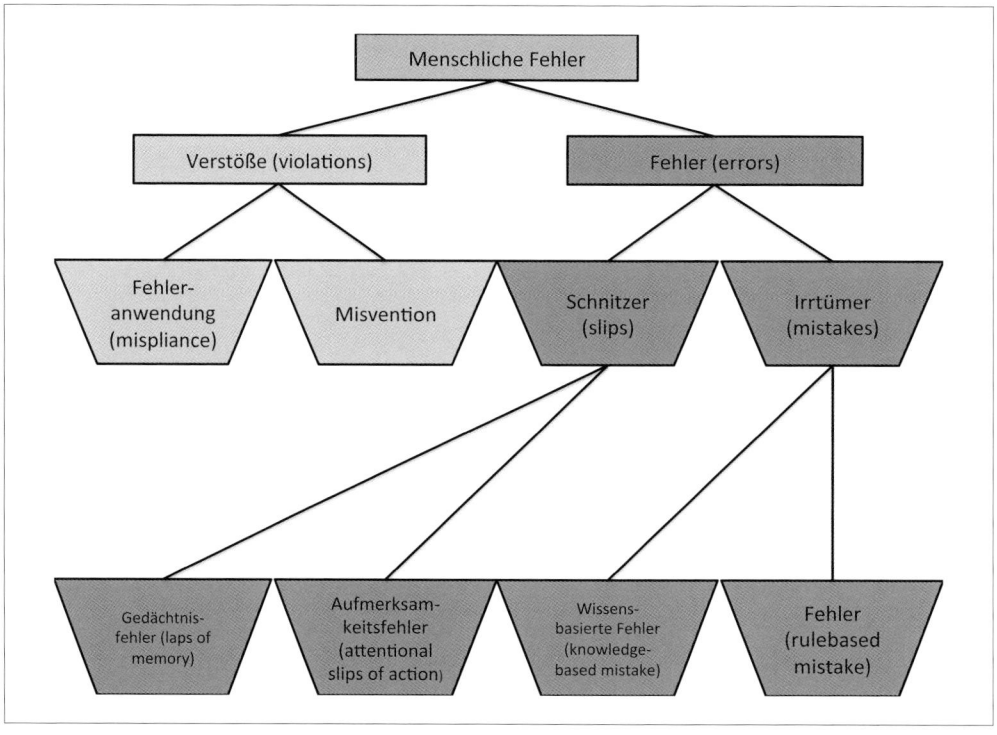

Abbildung 4: Unterscheidung von Fehlern *(Quelle: Eigene Darstellung)*

zum anderen die des Systemansatzes. Vorweggenommen soll bereits gesagt sein, dass die beiden Ansätze voneinander abhängig sind und sich gegenseitig ergänzen.

Personalisierter Ansatz

Beim personalisierten Ansatz wird der Kern der Fehlerursache bei der Person gesucht und eine Fehlervermeidung soll durch Sanktionen hervorgerufen werden (vgl. Ertl-Wagner et al. 2009). Dieser Ansatz „verlangt das Eingestehen und Melden von Fehlern durch Mitarbeiter und ist ein wesentliches Element einer Kultur der Sicherheit" (Dészy 2008, S. 122, zitiert nach Teubel 2010, S. 60). Dies führt häufig zu persönlichen Schuldzuweisungen und seltener zu einer Fehlerbehebung. Vielmehr entwickelt es sich zu einer Kultur der Schuldzuweisungen (engl.: culture of blame). Fehler, die auf den ersten Blick einzelnen Personen zuzuschreiben sind, sind häufig nicht ausschließlich von der einzelnen Person abhängig, sondern können in den meisten Fällen jeder anderen Person ebenso unterlaufen (vgl. Teubel 2010; Ertl-Wagner et al. 2009).

Systemansatz

Der Systemansatz setzt an diesem Punkt an und beschreibt, dass Fehler nur entstehen, weil ein System diese überhaupt zulässt (vgl. Ertl-Wagner et al. 2009). Er „berücksichtigt, dass Menschen fehlbar sind, es wird mit Fehlern gerechnet und der Schwerpunkt auf Faktoren und Bedingungen gelegt, die Fehler beeinflussen" (Dészy 2008, S. 122, zitiert nach Teubel 2010, S. 60). Ein konstruktiver Umgang mit Fehlern erfordert einen Paradigmenwechsel weg von der Suche nach persönlichen Schuldigen hin zu der Suche von Fehlern im System. Beispielhaft für den Bereich Patientensicherheit werden folgende drei Einflussfaktoren genannt, welche aber auch problemlos auf betriebswirtschaftliche Bereiche zu übertragen sind: menschliche, technische und organisatorische Faktoren. Menschlich wird nach Auftreten eines Problems eine schnelle Lösung anvisiert, die jedoch die Ursache nicht behebt. Beispielsweise wird das Nicht-Funktionieren einer Pumpe auf einen Defekt geschoben und eine Überprüfung veranlasst. Grundlegend für den augenscheinlichen Defekt ist allerdings eine Fehlbedienung aufgrund ungenügender Einweisung. Der Einflussfaktor ist also eher menschlich. Technisch nehmen die Gebrauchstauglichkeit, der Systemstatus oder die Sprache des Nutzers Einfluss auf die Sicherheit und

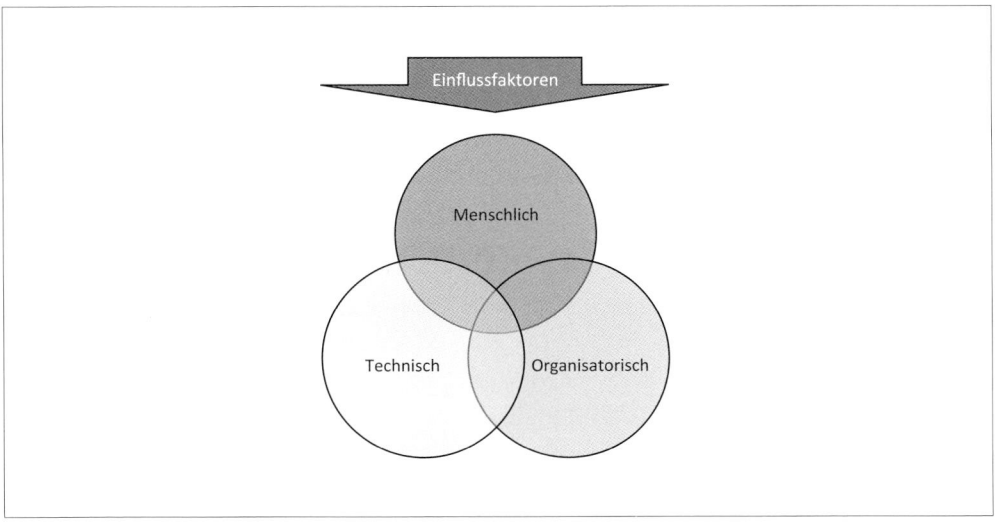

Abbildung 5: Systemansatz *(Quelle: Eigene Darstellung)*

stellen somit fehleranfällige Schwachstellen dar. Organisatorisch sind Kommunikation und Abläufe federführend. Es besteht zwischen allen drei Bereichen ein interdisziplinärer Zusammenhang (vgl. Badke-Schaub et al. 2012). Dieser Zusammenhang wird in Abbildung 5 veranschaulicht. Aufgrund dessen ist es notwendig, Fehler zusätzlich aus einer systemischen Sicht zu beleuchten und die verschiedenen Einflussfaktoren zu fokussieren. Die Person darf nicht einzeln im Mittelpunkt stehen, sondern ist als ein Teil des Ganzen zu betrachten.

Faktoren der Fehlerentstehung

Um eine Fehlerbeurteilung durchzuführen, ist es notwendig, sich verschiedene Faktoren, welche Möglichkeiten zur Fehlerentstehung bieten, näher anzuschauen. Vincent und Taylor schlagen im London Protocol 2004 die Analyse von sieben Einflussfaktoren vor, die speziell für klinische Situationen entwickelt wurden (vgl. Vincent und Taylor 2007). Die sieben Einflussfaktoren der Fehlerentstehungen sind Patientenfaktoren, Aufgaben- und Verfahrensfaktoren, individuelle Faktoren (Personal), Teamfaktoren, Faktoren der Arbeitsumgebung, Organisations- und Managementfaktoren sowie Faktoren des institutionellen Rahmens. Tabelle 1 zeigt einen Auszug aus verschiedenen möglichen Ausprägungen zu den unterschiedlichen Faktoren. Im Fokus stehen Patientenfaktoren, da in jeder klinischen Situation sämtliche Handlungsweisen vom Gesundheitszustand des Patienten abhängig sind. Neben dem Gesundheitszustand des Patienten spielen auch Faktoren wie Persönlichkeit, Sprache oder psychologische Probleme eine Rolle und stellen Faktoren zur Fehlerentstehung dar. Testergebnisse sowie Aufgabenstellung, Verfügbarkeit und Brauchbarkeit von Leit- und Richtlinien oder Verfahrensanweisungen nehmen Einfluss auf den Behandlungsprozess und die Behandlungsqualität. Neben diesen spielen, wie teils bereits beschrieben, auch persönliche Faktoren eine Rolle bei der Fehlerentstehung. Einflussnehmend sind dabei Kenntnisse, Fähigkeiten und Erfahrungen der Mitarbeiter. Gerade der Bereich des Gesundheitswesens ist geprägt von Arbeiten im Team, weshalb Teamfaktoren wie Kommunikation und Teamstruktur eine große Rolle spielen. Sowohl der einzelne Mitarbeiter als auch das gesamte Team sind abhängig von der Wirkung der Arbeitsumgebung, die ausschlaggebend für Fehlerursachen sein kann. Zur Arbeitsumgebung zählen unter anderem der Personalbestand, die technische Ausstattung, aber auch die Unterstützung durch die Geschäftsführung sowie die physische Umgebung. Alle Mitarbeiter werden außerdem durch eingeleitete Maßnahmen von oberster Ebene, der Organisationsebene, beeinflusst. Zu solchen zählen Veränderungen der Personaldecke, Weiterbildungen, Schulungen, Verfügbarkeit von technischer Ausstattung und Unterstützungsmaterial. Nicht nur die Organisationsebene stellt einen Beeinflussungsfaktor dar, sondern vielmehr ist auch sie abhängig von institutionellen Rahmenbedingungen, wie gesetzlichen, wirtschaftlichen und politischen Regeln. Die genannten Faktoren können als Leitfaden zur Untersuchung und Analyse eines Fehlers, Beinahe-Schadens-, etc. dienen (vgl. Chapman et al. 2000).

Faktoren der Fehlerentstehung	Fehlerausprägung
Patientenfaktoren/Faktoren des Pflegebedürftigen	– Krankheits-Pflege-Zustand des Betroffenen – Sprache und Kommunikation – Persönlichkeit und Sozialfaktoren
Aufgaben- und Verfahrensfaktoren	– Klare Struktur – Verfügbarkeit und Verwendung von Richtlinien und Verfahrensanweisungen – Verfügbarkeit und Genauigkeit von Testergebnissen – Entscheidungshilfen
Individuelle Faktoren	– Kenntnisse und Fähigkeiten – Kompetenzen – Psychische und physische Gesundheit
Teamfaktoren	– Mündliche und schriftliche Kommunikation – Supervision und Hilfesuche – Teamstruktur
Arbeitsumgebung	– Personalstand und Qualifikationsmix – Belastung und Schichtpläne – Beschaffenheit, Verfügbarkeit und Instandhaltung der technischen Ausstattung – Unterstützung durch die Verwaltung und Leitung – Physische Umgebung
Organisation und Management	– Finanzielle Ressourcen bzw. Einschränkungen – Organisationsstruktur – Grundsätze, Standards und Ziele – Sicherheitskultur und Prioritäten
Der institutionelle Rahmen	– Wirtschaftlicher und regulatorischer Kontext – Kooperation mit externen Organisationen

Tabelle 1: Faktoren der Fehlerentstehung *(Quelle: In Anlehnung an Vincent und Taylor 2007, S. 6)*

Kapitel 3 // **Risikomanagementprozess**

3.1 Klassischer Aufbau des Risikomanagementprozesses

Ein allgemeingültiger Standard, was ein Risikomanagementsystem ausmacht, existiert nicht (vgl. Hennke und Schikora 2006). Häufig werden aber bei der Beschreibung eines Risikomanagementprozesses, der hier als klassischer Aufbau eines Risikomanagementprozesses deklariert wird, gleiche Bausteine und Prozessschritte verstanden (vgl. Henke und Schikora 2006; Kamp und König 2011; Kahla-Witzsch 2005). Beim klassischen Prozess steht die Identifizierung von Risiken im Mittelpunkt. Diese sollen erkannt und Maßnahmen abgeleitet werden. Ausgangspunkt ist die Risikostrategie, die einen Rahmen um die weiteren Prozessbausteine setzt. Der klassische Prozess ist am PDCA-Zyklus (Plan-Do-Check-Act) ausgerichtet. Die Bausteine bilden in der Regel die Risikoidentifikation, -analyse, -bewertung und -bewältigung sowie -überwachung. Die Risikobewältigung und -überwachung werden meist in einem Baustein zusammengefasst. Abbildung 6 zeigt die einzelnen Prozessschritte auf, in Graustufen hervorgehoben werden dabei jeweils die Prozessbausteine, die in der Literatur teils auch in einem viergliedrigen Prozess zusammengefasst werden. In den weiteren Abschnitten werden die Bausteine näher erläutert und durch Fragen, entwickelt von der BPG Unternehmensberatungsgesellschaft, die sich jedes Unternehmen während des Prozesses stellen sollte, abgeschlossen.

Im Anschluss werden mögliche Instrumente, die die einzelnen Prozessschritte unterstützen können, aufgezeigt. Risikoinstrumente dienen der Aufdeckung, Bewertung und Analyse von Risiken und unterstützen somit den Risikomanagementprozess. Trotz möglicher Überschneidungen innerhalb einzelner Prozessschritte sind die Instrumente einzelnen Prozessschritten zugeordnet. Ursprünglich stammen die meisten Instrumente aus dem industriellen Kontext und werden mit der Zeit immer mehr in das Gesundheitswesen überführt. Das Repertoire der Risikoinstrumente kann zudem durch bekannte Qualitätsmanagementinstrumente erweitert werden, dazu zählen u. a. das Ursache-Wirkungs-Diagramm oder die Pareto-Analyse (vgl. Kahla-Witzsch 2005).

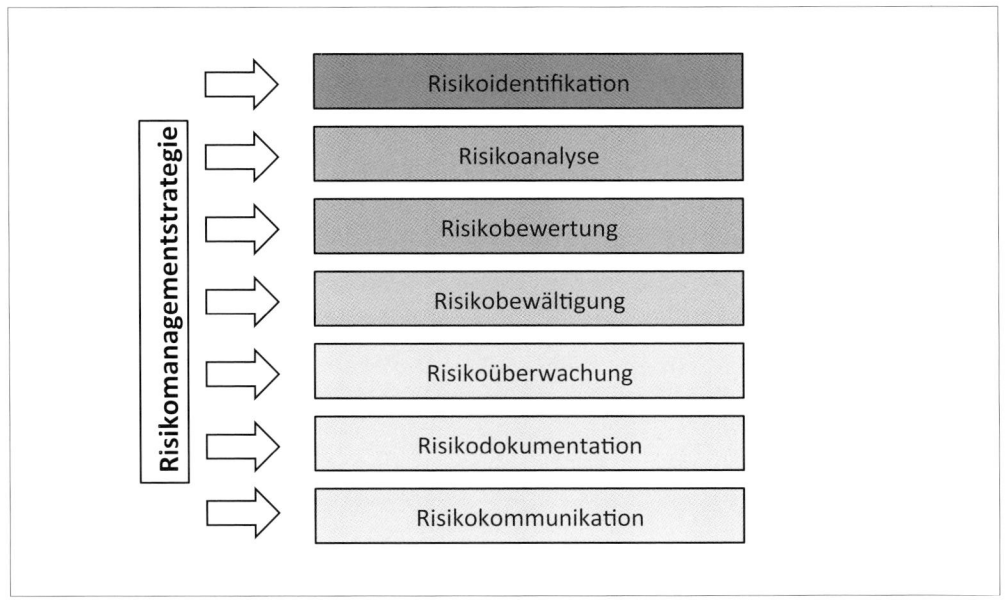

Abbildung 6: Klassischer Risikomanagementprozess *(Quelle: Eigene Darstellung)*

3.2 Risikomanagementstrategie

Eine Risikostrategie wird nicht losgelöst von der Unternehmensstrategie entwickelt, betrachtet und angewendet. Es besteht immer eine Wechselwirkung zwischen Risiko- und Unternehmensstrategie, daher ist auch diese von der Geschäftsführung zu entwickeln. Die Risikostrategie zeigt die „risikopolitischen Grundsätze einer Organisation" auf (Kahla-Witzsch 2005, S. 50). Geprägt wird sie vor allem durch die Risikoneigung des Unternehmens. Zur Formulierung seiner unternehmensspezifischen Risikostrategie sind folgende Fragen aus Unternehmenssicht zu beantworten:

– Welche Strategie verfolgen wir?

– Welche Ziele verfolgen wir?

– Wie ist unsere Risikoneigung?

– Wie sieht unser Risikoverständnis aus, ist es einheitlich?

– Wie und was kommunizieren wir? (Vgl. Kamp und König 2011).

3.3 Risikoidentifikation

Der Begriff der Risikoidentifikation impliziert bereits, dass der zweite Schritt der Identifizierung der Risiken gilt, welche die Unternehmen treffen oder bewusst eingehen können. Dabei ist ein ganzheitlicher Ansatz anzustreben, um tatsächliche und potenzielle Risiken unter den aktuellen Rahmenbedingungen zu erfassen. Gerade die Rahmenbedingungen im Gesundheitswesen unterliegen einem stetigen Wandel (vgl. Kahla-Witzsch 2005). Ein aktuelles Beispiel ist das Patientenrechtegesetz. Die Methode ist dabei von der Unternehmensführung vorzugeben und bereits nach Kriterien zu gliedern, um eine Systematik sicherzustellen (vgl. Oswald und Henrichs 2011). Das Ergebnis der identifizierten Risiken ist abhängig von dem Team, das die Risiken sammelt. Unterschiedliche Beteiligte können bei derselben Aufgabe zu unterschiedlichen Ergebnissen kommen (vgl. Kahla-Witzsch 2005). Es werden daher nie alle möglichen Risiken identifiziert. Bei der Risikoidentifikation sind u. a. die folgenden Fragen zu beantworten:

- Welche Unternehmensbereiche wollen wir integrieren und welche Prioritäten setzen wir?

- Welche Risikobereiche sind mit aufzunehmen?

- Welche Perspektiven setzen wir an?

- Wie unterteilen wir unser Unternehmen und unsere Bereiche?

- Welches Personal integrieren wir?

- Welche Instrumente wollen wir nutzen? (Vgl. Kamp und König 2011).

Zur Identifizierung von Risiken stellt die Balanced Scorecard ein geeignetes Instrument dar, um auf verschiedenen Unternehmensebenen Risiken offenzulegen (vgl. Kamp und König 2011). Abhängig vom betrachteten Kontext gibt es allerdings noch eine Sammlung weiterer Instrumente. Zu den klassischen Instrumenten gehören beispielsweise das Ursache-Wirkungs-Diagramm, die Fehlerbaumanalyse oder die Fehler-Möglichkeits-Einflussanalyse (FMEA), die bereits weitere Prozessschritte beinhaltet (vgl. Kahla-Witzsch 2005). Neben den genannten Instrumenten besteht aber auch die Möglichkeit, Risiken aus praktischen Anwendungen abzuleiten, wie dem Beschwerdemanagement, Befragungen, Haftpflichtfällen oder Critical Incident Reporting Systemen. Aber auch mithilfe von Adverse-Occurrence-Screening, Sentinel-Event-Report oder Risikoaudits ist eine Risikoidentifizierung möglich (vgl. Ennker et al. 2007; Koppenberg und Moecke 2012). Entsprechend der aufgeführten Reihenfolge werden die möglichen Instrumente im Weiteren kurz erläutert, ohne Anspruch auf Vollständigkeit.

Ursache-Wirkungs-Diagramm

Das Ursache-Wirkungs-Diagramm wird häufig als Ishikawa- oder, aufgrund seiner Optik, als Fischgräten-Diagramm bezeichnet und ist eine reaktive Analysemethode (siehe Abbildung 7). Es dient der Darstellung von Ursache- und Wirkungszusammenhängen. Ansatzpunkt ist die Identifikation eines Hauptproblems und die Festlegung der zu lösenden Aufgabe, die anhand eines horizontalen Grundpfeils aufgezeigt werden und in die Frage nach dem „Warum" münden (Fischkopf) (vgl. Roenpage et al. 2007). Anhand dieses Stranges werden mögliche Ursachen und Nebenursachen mit Hilfe der M-Faktoren (Fischgräten) ermittelt. Zu den M-Faktoren zählen Mensch, Maschine, Methode, Material, Mitwelt und beispielsweise Messung. Die Faktoren sind individuell wählbar und auf das jeweilige Unternehmen und Situationen zuzuschneiden.

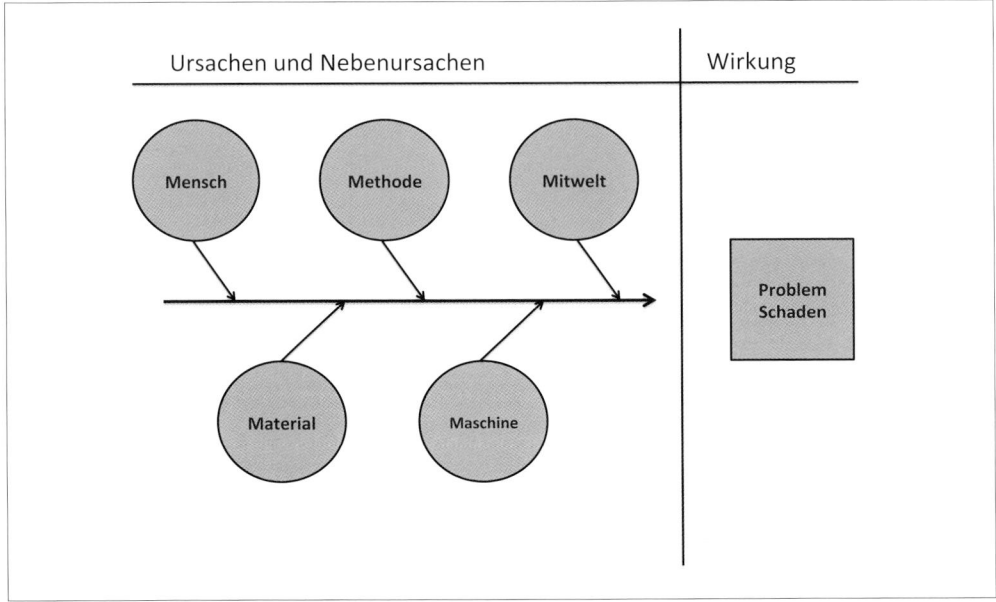

Abbildung 7: Ursache-Wirkungs-Diagramm *(Quelle: In Anlehnung an Schneider et al. (2008), S.199)*

Bestenfalls findet die Erstellung eines Ursachen-Wirkungs-Diagrammes in einem Team-Brainstorming-Prozess statt. Nach möglicher Vervollständigung des Diagrammes sind die Ursachen nach verschiedenen Kriterien zu priorisieren. Dazu zählt, ob die Ursache konstant und unveränderlich, nicht direkt beeinflussbar oder variabel ist (vgl. Roenpage et al. 2007). Die wichtigste Ursache ist zu identifizieren, optisch hervorzuheben und daraus ableitend sind Lösungsansätze zu ermitteln (vgl. Schneider et al. 2008).

Fehlerbaumanalyse (Fault-Tree-Analysis, FTA)

Die Fehlerbaumanalyse setzt bei einem unerwünschten Ereignis an und versucht, mithilfe einer entscheidungsbaumähnlichen Struktur, mögliche Ursachen zu ermitteln und aufzuzeigen. Durch grafische Symbole werden die verschiedenen Möglichkeiten und Ursachen verdeutlicht. Grafische Symbole sind beispielsweise Entscheidungsknoten, Zufallsknoten oder Ergebnisknoten. Zudem sind Und- bzw. Oder-Verknüpfungen möglich, die komplexe Fehlerereignisse in einfachere Ereignisse splitten (vgl. Gleißner 2011). Zu Beginn wird ein bestimmter Prozess mithilfe eines Ablaufdiagrammes beschrieben und für mögliche unerwünschte Ereignisse jeweils eine Fehlerbaumanalyse erstellt. Dabei

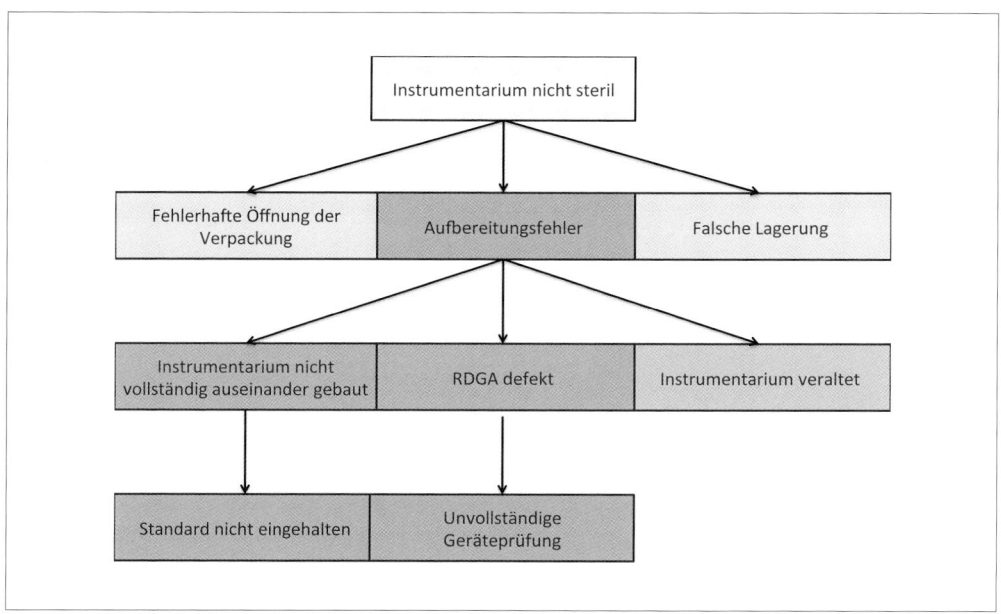

Abbildung 8: Beispiel für Fehlerbaumanalyse am Beispiel ZSVA (*Quelle: Eigene Darstellung*)

greift die Fehlerbaumanalyse die Schritte des Ablaufdiagrammes auf und untersucht diese auf mögliche Versagensarten. Falls möglich, sind eine qualitative Auswertung anzufertigen sowie kritische Fehler und Fehlerkombinationen abzuleiten. Ebenso sind Eintrittswahrscheinlichkeiten und Gegenmaßnahmen zu bestimmen (vgl. Kahla-Witzsch 2005). Eine vereinfachte Darstellung eines Fehlerbaums ist in Form eines potenziellen Ablaufes des ZSVA Bereiches in Abbildung 8 dargestellt.

Fehlermöglichkeits- und Einflussanalyse (FMEA)

Die FMEA wird hauptsächlich in Entwicklungsphasen eingesetzt und dient der Fehlervermeidung bei neuen Produkten oder Dienstleistungen. Eine frühzeitige Fehlervermeidung wiederum dient der Vorbeugung späterer Korrekturen. Tretminen liegen überall, welche die FMEA aufdecken und vermeiden soll (vgl. TüV Rheinland Akademie GmbH o.J.). Die FMEA findet aber auch Anwendung bei schon bestehenden Abläufen. Sie besteht aus einer Fehleranalyse, einer anschließenden Fehler-Risikobewertung und abschließend aus der Ermittlung einer Risikoprioritätszahl (RPZ). Diese Methode besteht demnach aus mehreren Prozessschritten. Bei der Fehleranalyse wird zunächst der zu untersuchende Prozess festgelegt und dieser mit allen Prozessschritten in einem Flussdiagramm dargestellt. Anschließend werden möglichst alle Fehler ermittelt, die potenziell eintreten könnten, deren Auswirkungen betrachtet und die Ursachen, die zu diesen Fehlern führen können, erfasst. Im letzten Schritt der Analyse werden die möglichen und bereits eingeleiteten Maßnahmen, die der Fehlerentdeckung dienen, beschrieben. Die Fehler-Risikobewertung ist der nächste Schritt, bei dem die Eintrittswahrscheinlichkeit (A), die Auswirkung/Bedeutung (B) und die Wahrscheinlichkeit der Fehlerentdeckung (C) ermittelt werden. Die Multiplikation dieser Bewertungen ergibt die Risikoprioritätszahl (A x B x C), die dazu dient, eine Risikorangfolge zu bestimmen, anhand derer sich die Umsetzung der Maßnahmen orientiert. Die Bewertungen nehmen einen Zahlenfaktor von eins bis zehn ein. Exemplarisch werden mögliche Bewertungen nachfolgend in Tabelle 2 aufgeführt (vgl. Kahla-Witzsch 2005).

Kategorie	Bewertung	Beschreibung	Bewertungsfaktor
Eintrittswahrscheinlichkeit	Unwahrscheinlich	Unwahrscheinlich, dass Fehler auftritt, da Prozess dies nicht zulässt.	1
	Sehr gering	Prozessschritt findet bereits Anwendungen, allerdings nur wenige Fehler bekannt.	2 – 3
	Gering	Geringe Fehlerrate bei derzeitigem Prozess.	4 – 6
	Mäßig	Fehlerhäufigkeit bei ähnlichen Prozessen.	7 – 8
	Hoch	Hohe Wahrscheinlichkeit, dass Prozessschritt fehleranfällig.	9 – 10
Auswirkung / Bedeutung eines Fehlers	Kaum wahrnehmbare Auswirkung	Keine Kostenrelevanz; Fehler wird nicht bemerkt oder nicht als störend empfunden.	1
	Unbedeutende Fehler	vertretbare Kosten; Fehler zwar bekannt, allerdings nur geringfügige Beeinträchtigung von Personen und Umwelt.	2 – 3
	Mäßig schwerer Fehler	merkbare Kosten; merkbare Beeinträchtigungen, jedoch keine groben Einschränkungen des Prozessschritts. Keine Gefährdung für Person und Umwelt.	4 – 6
	Schwerwiegender Fehler	erhebliche Kosten; Prozessschritt kann nicht oder nur noch schwer ausgeführt werden, Gefährdung von Person und Umwelt	7 – 8
	Äußerst schwerwiegender Fehler	Extrem hohe Kosten; Prozessschritt nicht weiter ausführbar, erhebliche Gefährdung von Person und Umwelt (irreversible Schäden oder Tod).	9 – 10
Entdeckungswahrscheinlichkeit	Hoch	Sichere Entdeckung des Fehlers.	1
	Mäßig	Wahrscheinliche Entdeckung des Fehlers.	2 – 5
	Gering	Schwere Ermittlung des Fehlers.	6 – 7
	Sehr gering	Kaum zu ermittelnder Fehler.	8 – 9
	Unwahrscheinlich	Nicht zu ermittelnder Fehler.	10

Tabelle 2: Bewertungen zur Ermittlung der RPA   (Quelle: In Anlehnung an Kahla-Witzsch 2005, S. 60 f.)

Beschwerdemanagement

Die Führung eines Beschwerdemanagements durch systematische Auswertung dient dazu, Mängel und Schwachstellen in verschiedenen Bereichen aufzudecken. Situationen werden mit einem Blick von außen betrachtet, welcher dem Unternehmen vielleicht verborgen bleibt. Ein weiterer, vielleicht der wichtigste

Aspekt des Beschwerdemanagements ist es, die Kundenzufriedenheit zu erhalten und zu erhöhen, indem Kunden das Gefühl gegeben wird, dass sie verstanden werden und auf sie eingegangen wird. Ein gelebtes Beschwerdemanagement dient dafür als Voraussetzung. Denn gute Erfahrungen werden, so behaupten Ennker et al., verdreifacht, schlechte Erfahrungen verneunfacht. Schlechte Erfahrungen, auf die mit Erfolg, d. h. mit der Zufriedenheit des Kunden reagiert wurde, werden 20-mal weitergetragen (vgl. Ennker et al. 2007).

Betroffenen- und/oder Mitarbeiterbefragungen

Prinzipiell gibt es zwei Arten von Befragungen: laufende, standardisierte Befragungen und Befragungen zu bestimmten Anlässen oder Zeitpunkten. Laufende Befragungen sind auf Hinweise, die einen Mangel oder ein Risiko aufzeigen können, hin zu überprüfen, ähnlich dem Beschwerdemanagement. Spezifische Befragungen hingegen sind auf eine bestimmte Fragestellung ausgerichtet, in deren Kern Verbesserungspotenziale von bestimmten risikoträchtigen Bereichen stehen, um potenzielle Fehlerquellen zu identifizieren. Zur Einschätzung und Kontrolle empfiehlt es sich, diese Befragungen zu wiederholen (vgl. Ennker et al. 2007).

Haftpflichtfälle

Eine Identifikation von Risiken basiert ebenfalls auf der Betrachtung von Haftpflichtfällen (vgl. Koppenberg und Moecke 2012). Es ist abzuleiten, ob bestimmte Bereiche, sowohl strukturelle, personelle als auch technische, häufiger betroffen sind als andere. Zudem sind Haftpflichtfälle häufig Ansatzpunkte, um aus Fehlern zu lernen. Es handelt sich dabei um eine retrospektive Betrachtung.

Critical Incident Reporting

Beim Critical Incident Reporting handelt es sich um eine Erfassung aller Zwischenfälle (vgl. Ennker et al. 2007). In systematischer Form geschieht dies häufig in Critical Incident Reporting Systemen, meist abgekürzt mit CIRS, bei denen Zwischenfälle und Beinahe-Unfälle oder Beinahe-Fehler erfasst werden, allerdings keine Fehler oder Schäden. Anhand der Führung eines eigenen CIRS, in dem Vorfälle gemeldet werden, sind Risiken zu identifizieren und zu bearbeiten. Wird kein eigenes CIRS geführt, so besteht die Möglichkeit, auf öffentlich zugängliche CIRS-Datenbanken zurückzugreifen und die gemeldeten Fehler hinsichtlich des Potenzials für sein eigenes Unternehmen zu untersuchen.

Adverse-occurrence-Screening

Das adverse-occurence-Screening ist eine retrospektive Methode, bei der zuvor festgelegte unerwünschte Ereignisse wie Rückverlegung, ungeplante Reoperation, Tod eines Pflegebedürftigen oder Stürze in einer Datenbank erfasst werden, um so Rückschlüsse auf das Auftreten und den zeitlichen Zusammenhang von Risiken zu ermöglichen. Zu beachten ist allerdings, dass durch fehlende Informationslage häufig die Ursachensuche erschwert wird (vgl. Ennker et al. 2007).

Sentinel-event-Report

Unternehmen sollten Schlüsselereignisse festlegen oder sich derer bewusst sein, die ein grundsätzliches und tiefgreifendes Fehlverhalten implizieren und eine sofortige Klärung und ein Einschreiten verlangen. Zu den Schlüsselereignissen zählen Never-Events, die sich in folgenden Beispielen aus dem Krankenhausbereich ausdrücken: Operation des falschen Patienten, Operieren der falschen Seite, vergessenes OP Material im Patienten oder aber Medikamentenverwechslung (vgl. Ennker et al. 2007). Der National Health Service (NHS) Großbritanniens und Nordirlands hat mögliche Never-Events aufgeführt und veröffentlicht.

Externe und interne Audits

Externe Audits dienen dazu, Bereiche mit genügend Abstand zu analysieren und so Risiken aufzudecken, die ansonsten verborgen bleiben. Störfaktoren, die durch externe Audits behoben werden, sind hierarchische Strukturen und denken in Fachdisziplinen (vgl. Koppenberg und Moecke 2012). Eine einfachere und kostengünstigere Alternative ist die Durchführung von internen Audits, indem Bereiche sich gegenseitig auditieren.

3.4 Risikoanalyse

Die Risikoanalyse beschäftigt sich mit der Ursache, der Entstehung sowie mit den Ursache-Wirkungs-Beziehungen von Risiken. Die Identifizierung von Wechselwirkungen zwischen verschiedenen Ursachen und Risiken ist ebenso zu betrachten. In verschiedener Literatur wird die Risikoanalyse zusammen mit der Risikoidentifikation in einem Prozessschritt erfasst (vgl. Oswald und Henrichs 2011). Es ist sinnvoll, die Risiken in beeinflussbare und nicht beeinflussbare Risiken einzuteilen. Denn die Aufwendung von Energie und Zeit in nicht beeinflussbare Risiken verschwendet Ressourcen für die Behebung von Risiken, die wirklich beeinflusst werden können. Des Weiteren sind verschiedene Risikokriterien zu ermitteln und Einflussparameter zu bestimmen (vgl. Oswald und Henrichs 2011). Fragestellungen, die diese Phase prägen, sind:

- Wie analysieren wir?
- Wie tief analysieren wir?
- Wie gehen wir mit der Einleitung von Sofortmaßnahmen um?

(Vgl. Kamp und König 2007).

3.5 Risikobewertung

Nach der Analyse der Risiken und ihrer Ursachen sind die Risiken anhand der Eintrittswahrscheinlichkeit und dem Schadensausmaß zu bewerten. Anhand der Risikobewertung wird eine Reihenfolge der zu bearbeitenden Risiken ermittelt. Die Risikobewertung, darstellbar in einer Risikomatrix, beinhaltet auch zeitliche und ökonomische Faktoren, die dazu führen, dass nicht alle identifizierten Risiken direkt angegangen werden und es zu einer Verschiebung der zunächst erstellten Prioritäten kommt (siehe Abbildung 9). Wichtige Fragestellungen in dieser Phase sind:

- Wie setzen wir Mindestwerte?
- Wie nehmen wir Einteilungen vor?
- Wie gehen wir mit Risiken um, die wir nicht quantifizieren können?

(Vgl. Kamp und König 2011).

Risikomatrix

Die Risikomatrix dient einer Bewertung der identifizierten Risiken in visualisierter Form. Der erste Schritt ist die Berechnung einer Risikokennzahl. Dafür werden, ähnlich wie bei der FMEA, Schadens- und Eintrittswahrscheinlichkeit jedes Risikos multipliziert und anschließend zueinander in Relation gesetzt. Dabei ist zwischen zwei Vorgehensweisen zu unterscheiden: einer quantitativen und einer qualitativen Risikobewertung. Bei der quantitativen Risikobewertung findet eine nummerische Bewertung statt, es werden also Eintrittswahrscheinlichkeit und die mögliche Schadenshöhe in Euro beziffert, multipliziert und ein nummerischer Wert für jedes Risiko, die Risikokennzahl, ermittelt (vgl. Loomans et al. 2014). Da die Festlegung eines nummerischen Wertes häufig nicht oder nur unter erschwerten Bedingungen möglich ist, tritt an diese Stelle eine qualitative Bewertung. Vor allem klinische Risiken sind somit leichter zu bewerten. Schadensausmaß und Eintrittswahrscheinlichkeit werden dafür in Risikoklassen eingeteilt. Eine klassische Einteilung des Schadensausmaßes findet in gering, mittel, hoch und unternehmensgefährdend statt. Die Eintrittswahr-

		Eintrittswahrscheinlichkeit			
		Unwahrscheinlich	Gelegentlich	Wahrscheinlich	Regelmäßig
Schadensausmaß	Unternehmens-gefährdend				
	Hoch				
	Mittel				
	Gering				

Abbildung 9: Risikomatrix *(Quelle: In Anlehnung an Loomans et al. (2014), S. 104)*

scheinlichkeit ist beispielsweise aufzuteilen in unwahrscheinlich, gelegentlich, wahrscheinlich oder regelmäßig. Die Einteilungen können unternehmensspezifisch variieren und individuell festgelegt werden. In der Risikomatrix werden Eintrittswahrscheinlichkeit und Schadensausmaß auf der x- und y-Achse dargestellt und die innenliegende Fläche farblich unterteilt. Anhand der Einstufung der Risiken kann so eine Risikopriorisierung vorgenommen werden (siehe Abbildung 9) (vgl. Loomans et al. 2014).

3.6 Risikobewältigung

Nachdem Risiken identifiziert, analysiert und bewertet wurden, ist der nächste Schritt die Beseitigung oder Eindämmung von Risiken, auch teilweise als Risikosteuerung bezeichnet (vgl. Kahla-Witzsch 2005). Hierzu sind Maßnahmenpläne zu erarbeiten. Risikovermeidung, -verminderung, -überwälzung, -teilung, -akzeptanz oder -kompensation sind Möglichkeiten, die bei der Bewältigung von Risiken in Betracht kommen.

Risikovermeidung

Bei der Risikovermeidung wird das Risiko durch Verzicht vollständig eliminiert, d. h. die möglichen Schadensursachen werden vermieden. Das Nicht-Anbieten bestimmter Leistungen ist solch eine Risikovermeidung (vgl. Kahla-Witzsch 2005).

Risikoverminderung

Durch das Treffen von Vorkehrungen soll die Schadenseintrittswahrscheinlichkeit (Häufigkeit) und/oder die Schadensausbreitungswahrscheinlichkeit (Höhe) verringert werden (vgl. Kahla-Witzsch 2005).

Risikoüberwälzung

Bei der Risikoüberwälzung handelt es sich um eine passive Strategie, bei der das Risiko auf jemand anderen übertragen wird, beispielsweise durch Abschluss einer Haftpflichtversicherung (vgl. Oswald und Henrichs 2011). Vertraglich besteht teils auch die Möglichkeit, Risiken auszuschließen (vgl. Kahla-Witzsch 2005).

Risikoteilung

Durch den Zusammenschluss mit Mitbewerbern oder Partnern sind Risiken aufzuteilen/verteilbar/aufteilbar (vgl. Kahla-Witzsch 2005).

Risikoakzeptanz

Das Risiko wird akzeptiert und es wird sich auf einen möglichen Eintrittsfall vorbereitet, eine Möglichkeit hierzu ist die Stellung von Rücklagen (vgl. Kahla-Witzsch 2005). Hilfreiche Fragestellungen sind:

– Welche Maßnahmen helfen wirklich?

– Wie ist das Verhältnis zwischen Risikoausmaß und Auswirkungen des Maßnahmenkataloges?

– Wie gehen wir damit um, wenn wir keine Lösungsansätze generieren können?

– Wie handhaben wir ein zu hohes Restrisiko?

– Wie sieht eine optimale Bewältigung aus und gibt es diese überhaupt?

(Vgl. Kamp und König 2011).

3.7 Risikoüberwachung

Der Prozess sollte nach den zuvor beschriebenen Bausteinen nicht enden. Wie zu Beginn erwähnt, ist der Risikomanagementprozess am PDCA-Zyklus ausgerichtet, es handelt sich also um einen immer wiederkehrenden kontinuierlichen Prozess. Maßnahmenpläne sind zu überwachen und zu kontrollieren. Ihre Umsetzung und Wirksamkeit sind zu bewerten, neue Risiken fortlaufend zu identifizieren und die Bewertungen der Risiken dahingehend zu prüfen, ob diese hinsichtlich Schadensausmaß und allgemeiner Bewertung weiterhin zutreffend sind und die Einschätzungen korrekt waren (vgl. Kahla-Witzsch 2005). Fragestellungen bei der Entwicklung der eigenen Risikoüberwachung könnten sein:

- Wessen Verantwortung ist die Risikoüberwachung?
- Wie setzen wir Schwellenwerte und Indikatoren?
- Wie reagieren wir auf Überschreitungen des Schwellenwertes?
- Wer setzt Gegenmaßnahmen um?
- Wie passen wir unser Berichtssystem bei Veränderungen an?

(Vgl. Kamp und König 2011).

3.8 Risikodokumentation

Die Risikodokumentation bildet das Ergebnis der zuvor beschriebenen Prozessbausteine. Möglichkeiten der Dokumentation sind Handbücher, Checklisten, Formulare oder auch Flyer. Die Dokumentation dient als Leitfaden für Mitarbeiter, Lieferanten oder auch Kunden (vgl. Kahla-Witzsch 2015).

3.9 Risikokommunikation

Ein Risikomanagementprozess erzielt nur seinen gewünschten Effekt, wenn die notwendige Risikopolitik, die identifizierten Risiken sowie auch die angestrebten und zum Teil vielleicht schon umgesetzten Maßnahmen den Mitarbeitern des Unternehmens kommuniziert werden. Die Mitarbeiter müssen den Hintergrund und den Zweck verstehen und sich integriert fühlen, denn ansonsten findet Risikomanagement nicht als gelebter Prozess statt (vgl. Kahla-Witzsch 2005).

Kapitel 4 // **Risikomanagement nach DIN EN ISO 9001**

Die DIN EN ISO 9001 ist auf Qualitätsmanagementsysteme ausgerichtet und enthält Anforderungen zur Gestaltung dieser. Aktuell gültig ist die Version DIN EN ISO 9001:2015, diese hat als Revision der ISO 9001:2008 im Jahr 2015 ihren Vorgänger abgelöst. Eine Zertifizierung nach DIN EN ISO 9001:2015 ist natürlich möglich, soweit die Zertifizierungsstellen hierzu akkreditiert sind. Ab offizieller Veröffentlichung müssen innerhalb von drei Jahren alle nach DIN EN ISO 9001:2008 zertifizierten Unternehmen sich nach DIN EN ISO 9001:2015 zertifizieren lassen, da die DIN EN ISO 9001:2008 ihre Gültigkeit inzwischen verloren hat.

Grundsätzlich beinhaltet die Norm einen prozessorientierten Ansatz und verlangt die Steuerung von Prozessen mit Hilfe des PDCA-Zyklus. Eine wesentliche Änderung ist die stärkere Hervorhebung des risikobasierten Ansatzes, der in die „Anforderungen an die Einführung, Verwirklichung, Aufrechterhaltung und fortlaufende Verbesserung des Qualitätsmanagementsystems" zu integrieren ist (DIN EN ISO 9001 2014, S. 8). Die Organisationen haben Risiken und Chancen zu bestimmen, die die Organisation, aber auch interessierte Parteien, die für das Unternehmen relevant sind, betreffen. Ziel ist die Sicherstellung, dass das Qualitätsmanagementsystem seinen Zweck erfüllt, die Verhinderung und Verringerung von unerwünschten Auswirkungen sowie eine stetige Verbesserung der Prozesse. Dafür hat die Organisation Maßnahmen zu planen, die in das Qualitätsmanagementsystem zu integrieren und dort umzusetzen sind sowie deren Wirksamkeit zu bewerten. Die Maßnahmen sind dabei nicht willkürlich zu wählen, sondern proportional zu ihrem jeweiligen Einfluss auf die Produkte und Dienstleistungen zu bestimmen. Formelles Risikomanagement oder ein dokumentierter Risikomanagementprozess sind dabei keine Anforderungen (vgl. DIN EN ISO 9001 2014).

Der Fachausschuss ISO/TC 176/SC2 hat sich auf seiner Homepage mit dem Themengebiet Risiko näher beschäftigt und u. a. beschrieben, wie Risikomanagement umsetzbar ist. Folgende Prozessschritte lassen sich daraus ableiten.

1. Identifizierung der Risiken und Chancen in Abhängigkeit der jeweiligen Rahmenbedingungen.
2. Analyse und Priorisierung der Risiken und Chancen. Was ist akzeptabel, was nicht? Welche Vor- und Nachteile hat ein Prozess gegenüber einem anderen?
3. Planung von Maßnahmen, um Risiken entgegenzuwirken.
4. Umsetzung der Maßnahmen.
5. Prüfung der Wirksamkeit der Maßnahmen.
6. Aus Erfahrungen lernen (vgl. ISO/TC 176/SC2 2014).

Die Ausführungen des Fachausschusses der ISO entsprechen, allerdings in einer vereinfachten Darstellung, den Prozessschritten des klassischen Risikomanagements. Es handelt sich auch bei diesem wieder um einen kontinuierlichen Prozess, der nicht endet, sondern sich stets wiederholt.

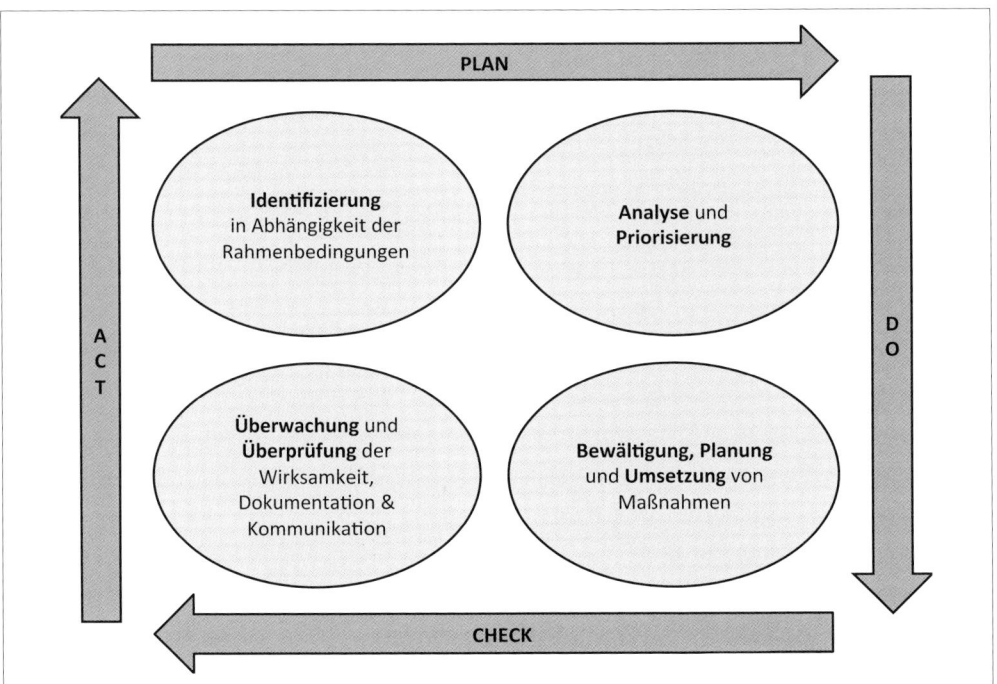

Abbildung 10: Risikomanagementprozess (Quelle: Eigene Darstellung)

Kapitel 5 // Risikomanagement und Qualitätsmanagement

Risikomanagement kann und sollte nicht losgelöst vom Qualitätsmanagement betrachtet werden. Zum einen hat das Qualitätsmanagement teils schon Instrumente, Methoden und Verfahrens-/Arbeitsanweisungen entwickelt und im Bestand, die verwendet werden können und zum anderen bestehen zwischen beiden Bereichen Schnittmengen, die sich in der Struktur-, Prozess- und Ergebnisqualität ausdrücken. Es gibt aber auch Sichtweisen, die das Qualitätsmanagement als Voraussetzung für ein funktionierendes Risikomanagement sehen (vgl. Zenk et al. 2011). Dass Risikomanagement nicht losgelöst vom Qualitätsmanagement betrachtet werden kann, wird zunehmend deutlich; Risikomanagement ist bei der Überarbeitung der DIN EN ISO 9001 integraler Bestandteil der Zertifizierung eines Qualitätsmanagementsystems. Risiko-

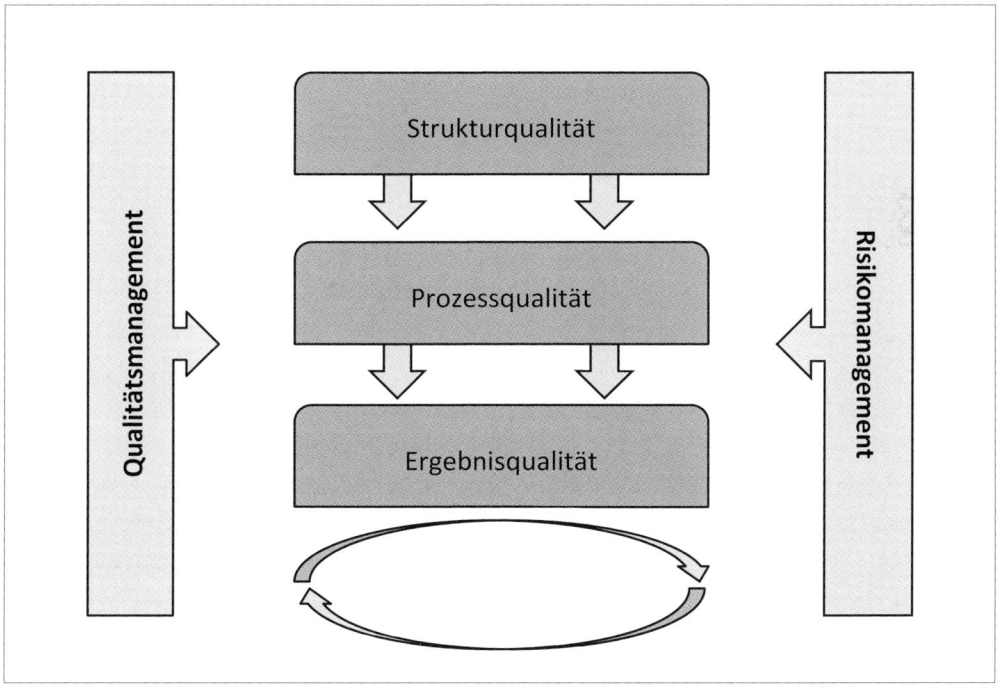

Abbildung 11: Schnittmengen Risiko- und Qualitätsmanagement   *(Quelle: In Anlehnung an Gurcke et al. (2006), S. 22)*

management ist dabei kein komplett neues Konzept, sondern vielmehr eine erweiterte Ausrichtung des Qualitätsmanagements.

Zum Verständnis wird die Struktur-, Prozess- und Ergebnisqualität kurz erläutert und anschließend grafisch dargestellt. Die Strukturqualität wird durch Ausstattung, Organisation und Qualifikationen gebildet und stellt somit die Grundlage dar. Die Prozessqualität hingegen drückt sich vielmehr im Verhalten aus. Wie ist die Prozessplanung und -dokumentation, nach welchen Standards und Leitlinien finden Behandlungsabläufe statt? Und wird das Richtige getan, sind dabei entscheidende Fragen. Die Ergebnisqualität drückt sich erst im Ergebnis aus und wird im Behandlungserfolg, der Kundenzufriedenheit oder dem Gewinn deutlich (vgl. Gurcke et al. 2006). Die Abbildung verdeutlicht vereinfacht die Schnittmengen des Risiko- und Qualitätsmanagements.

5.1 Ebenen des Risikomanagements anhand des integrativen Managementansatzes

Hilfreich zur Etablierung, Umsetzung und Strukturierung von Risikomanagement in Unternehmen ist der integrative Managementansatz der Universität St. Gallen, welcher u. a. von Strohmeier durch Einbringung von Risikoelementen modifiziert wurde (vgl. Strohmeier 2007). Der integrative Ansatz verbindet normatives, strategisches und operatives Management, basierend auf einer vertikalen und horizontalen Integration, wobei die vertikale Integration zunächst ausschlaggebend ist. Ziel des Ansatzes ist es, den Führungskräften aufzuzeigen, welche Interdependenzen und Probleme in den Führungspraktiken auftreten und wie diese auf den verschiedenen Ebenen durch Abhängigkeit untereinander Entscheidungen beeinflussen können. Zwischen allen Ebenen finden „Vor- und Rückkopplungsprozesse" statt (Bleicher 2011, S. 88). Den Beginn einer jeden Managementaktivität stellen dabei die Managementphilosophie und die Visionen des Unternehmens dar, die sich auf den gesamten Prozess auswirken. Die vertikale Integration wird geprägt durch die bereits genannten drei Ebenen des Managements, die horizontale Integration durch Strukturen, Aktivitäten und Verhalten. Damit werden auf der vertikalen Ebene sowohl harte, v.a. durch die Strukturen, als auch weiche Faktoren, wie z. B. das Verhalten, mit aufgegriffen. Im Bereich des normativen Managements finden sich die Begriffe der Unternehmensverfassung, -politik und -kultur. Dieser Bereich gibt also eine Richtschnur vor, die maßgebend ist (vgl. Dudenredaktion 2014). Das strategische Management befasst sich mehr mit der groben Planung, welche in den Organisationsstrukturen, Managementsystemen und Programmen festgelegt wird und sich im Problemverhalten ausdrückt (vgl. Dudenredaktion 2014). Beide Ebenen bilden die Rahmengestaltung und sind eher konzeptionell tätig. Auf Ebene des operativen Managements, welches eher eine Gestaltungsfunktion einnimmt und konkrete Maßnahmen entwickelt und umsetzt, liegen die organisatorischen Prozesse, Aufträge und das Leistungs- und Kooperationsverhalten (vgl. Dudenredaktion 2014). Alle drei Ebenen, die durch die drei Säulen (Strukturen, Aktivitäten, Verhalten) gestützt werden, münden durch die Aktivitäten in der inneren und äußeren Unternehmensentwicklung (vgl. Bleicher 2011). Anhand dessen wird erneut deutlich, dass zwischen allen Bereichen ein interaktiver Austausch stattfindet.

Nachdem der integrative Managementansatz allgemein angerissen wurde, wird im Weiteren näher auf dessen Ausgestaltung im Bereich des Risikomanagements eingegangen. Die Bezeichnung Management wird um den Begriff des Risikos ergänzt. Auf Ebene des normativen Risikomanagements werden zum einen die Strukturen aufgrund gesetzlicher Vorschriften und zum anderen durch die intern zu bestimmenden Sicherheitsmaßnahmen vorgegeben. Dies wiederum drückt sich durch die Risikopolitik in den Aktivitäten aus. Erst durch das Verhalten wird allerdings deutlich, welche Risikokultur gelebt wird. Auf der Ebene des strategischen Risikomanagements findet eine nähere Konkretisierung der normativen Vorgaben statt; eine Risikomanagementstrategie, welche Ziele und strategische Programme beinhaltet, wird entwickelt. Im Bereich der Strukturen werden Themenfelder bezüglich der Risikoprogramme, wie interne Überwachungssysteme oder Risikocontrolling, erfasst. Ein Übergang in die operative Ebene wird nur durch entsprechendes risikoorientiertes Verhalten und der Kommunikation in die operative Ebene möglich sein. Das operative Risikomanagement befasst sich im Weiteren durch Einsatz von Risikomanagementinstrumenten und die direkte Risikobewältigung konkret mit der Risikosystematisierung. Dies drückt sich in den Aktivitäten des Risikomanagementprozesses aus (vgl. Strohmeier 2007). Die Abbildung verdeutlicht die beschriebenen interaktiven Managementprozesse.

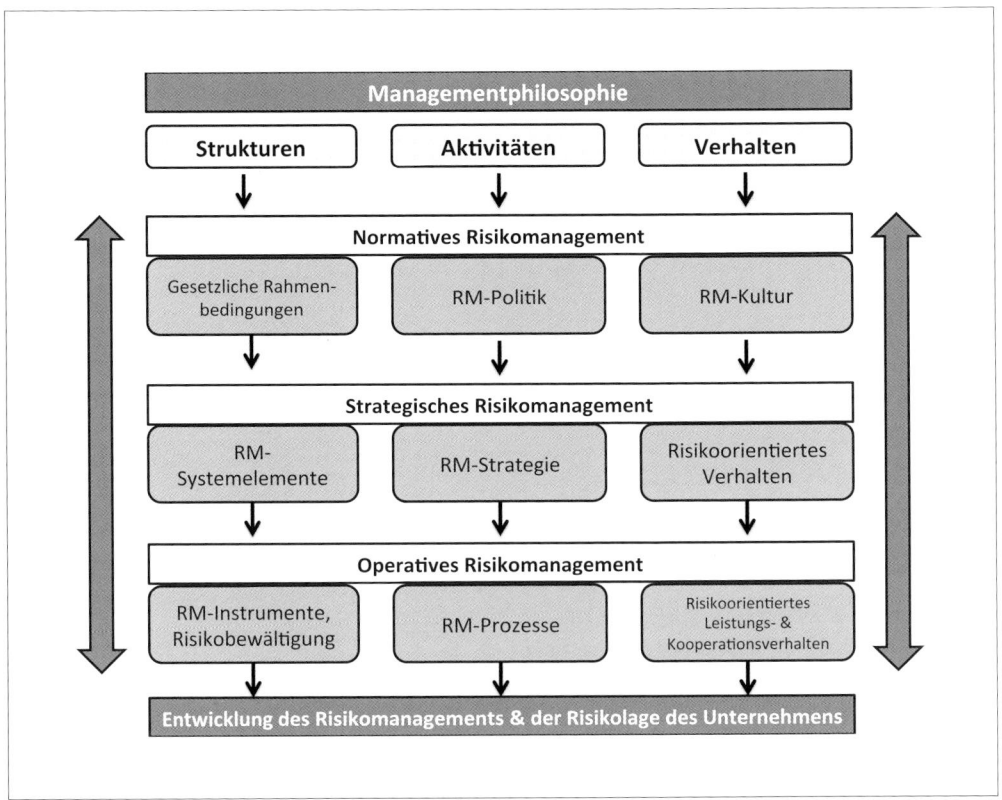

Abbildung 12: Integrativer Managementprozess

(Quelle: In Anlehnung an Oswald und Henrichs 2011, S.23; Bleicher (2011), S. 91)

Anhand der Ausführungen wird deutlich, wie umfangreich der Einführungsprozess von Risikomanagement ist. Nur eine ganzheitliche Betrachtung aller Ebenen, inklusive derer Wechselbeziehungen kann zum Ziel führen. Ebenen sind dabei inhaltlich als auch unternehmerisch zu sehen. Durch die oberste Leitung, ausgedrückt u. a. in der Vorgabe und des Lebens der Managementphilosophie/Risikomanagementphilosophie, ist dieser Prozess zu steuern.

Kapitel 6 // **Von anderen lernen auf Basis wissenschaftlicher Befunde**

Der Bereich des Risikomanagements steckt im Gesundheitswesen noch in den Kinderschuhen und in der Regel wird Risikomanagement anhand des klassischen Risikomanagementprozesses beschrieben und entwickelt. Neben dem in der Literatur für das Gesundheitswesen beschriebenen klassischen Risikomanagementprozess gibt es allerdings eine weitere Betrachtungsweise, die anhand wissenschaftlicher Befunde aufzeigt, dass Risikomanagement weitaus mehr ist als nur die Durchführung eines Prozesses. Neben der Verwendung von Risikobewertungssystemen sind u. a. auch Umgebung, Mitarbeiterschaft, Abläufe und der Umgang mit dem Managementsystem zu betrachten (vgl. Saßen 2010). Vorbild sind dabei die Branchen der Luftfahrt oder der Atomindustrie, deren Methoden teils zwar schon ins Gesundheitswesen adaptiert werden, deren wissenschaftliche Befunde im Bereich des Gesundheitswesens allerdings nur vereinzelt vorliegen (vgl. Vincent und Taylor 2007). Neben der Entwicklung und kontinuierlichen Anwendung von Checklisten, welche dazu dienen, Prozesse zu standardisieren und Abweichungen deutlich zu machen, sind sie u. a. durch fünf Prinzipien geprägt, welche die Sicherheit erhöhen und Risiken mindern (vgl. Sommer et al. 2014). Zu diesen zählen: Konzentration auf Fehler, Abneigung gegen vereinfachende Interpretation, Sensibilität für betriebliche Abläufe, Streben nach Flexibilität und Respekt vor fachlichem Wissen und Können. Zunächst werden allerdings sowohl die Ergebnisse des Human Factor Research Project, eine Auswertung von 3.200.000 Datensätzen bei denen 2.070 Piloten 120 Seiten umfassende Fragebögen ausfüllten, die einer Cockpit-Studie, bei der 940 Unfälle analysiert wurden, als auch Untersuchungen der United States Navy erläutert. Im Fokus der Untersuchungen steht das persönliche Verhalten (Human Factor), denn „wichtigster Sicherheitsbaustein, aber auch größter Risikofaktor im System ist der Mensch" (vgl. Müller 2003a, o.S.).

6.1 Studien der Luftfahrtbranche

Human Factor Research Project

Das Human Factor Research Project untersucht in seinen Befragungen zuletzt erlebte sicherheitskritische Vorfälle von Piloten, mittels derer wesentliche Probleme in vier Hauptkategorien eingeteilt werden: Technische Probleme/Ausfall von Systemen, Fehler von Personen, Operationelle Probleme/Komplikationen sowie Erschwerende soziale Faktoren. Bei isolierter Betrachtung der Faktoren im Hinblick auf den prozentualen Anteil an der Gesamtanzahl an Vorfällen ergibt sich folgendes Ergebnis. Aufgeführt wird lediglich ein Auszug der wichtigsten Ergebnisse:

- technische Probleme/Ausfall von Systemen (TEC): 7,7 %,
- Fehler von Personen (HUM): 4,9 %,
- Operationelle Probleme/Komplikationen (OPS): 1,2 %,
- erschwerende soziale Faktoren (SOC): 0,7 %.

Die geringen Ergebnisse erstaunen zunächst, da der Anteil von „Human Factors Accidents" weltweit bei 75 % liegt, die Analyse macht allerdings deutlich, dass einzelne Arbeitsfehler in der Regel gut verkraftet werden (vgl. Müller 2003b).

Bei Betrachtung der Kategorien jeweils in Zweier-Kombinationen wird bereits deutlich, dass der Human Factor eine größere Bedeutung hat, als zunächst angenommen, denn die größte Risikogruppe entsteht durch die Kombination von personenverursachten Fehlern plus erschwerenden sozialen Faktoren. Es sind nur die zwei höchsten Kombinationen angegeben:

- OPS + HUM: 8,3 %,
- HUM + SOC: 13,7 %.

Bei der Betrachtung von Dreier-Kombinationen ergibt sich, dass 37,8 % aller sicherheitsrelevanten Situationen aus folgender Kombination entstehen:
- OPS + HUM + SOC: 37,8 %.

Durch die Entstehung von Komplikationen erhöhen sich die Arbeitsbelastungen, die bei einer negativen Auswirkung des Fehlers aufgrund des suboptimalen Arbeitsklimas (SOC) nicht korrigiert werden. Es wird somit deutlich, dass ein suboptimales Arbeitsklima die Auswirkungen eines Human Errors verstärken. Dabei ist anzumerken, dass soziale Spannungen im Team das Risiko für sicherheitskritische Vorfälle um den Faktor fünf erhöhen. Das bedeutet, dass 80 % aller sicherheitskritischen Vorfälle, die auf Human Errors basieren, durch ein gesundes Arbeitsklima vorgebeugt werden könnte. Manfred Müller, Leiter der Flugsicherheitsforschung der Lufthansa, empfiehlt daher Crew Ressource Management sowie die Erarbeitung optimaler Teamstrukturen.

32 % aller sicherheitskritischen Vorfälle werden durch Alleingang eines Piloten ausgelöst. Hier wird deutlich, dass hierarchische, festgefahrene Strukturen zu lockern sind. Ein Beispiel, dass die Problematik von Hierarchien verdeutlicht, ist einer der größten Vorfälle in der Zivilluftfahrt mit 583 Todesopfern, bei dem der erste Offizier den Ausbildungskapitän zwar einmal auf einen Fehler aufmerksam gemacht hat, allerdings beim zweiten Fehler geschwiegen hat. Die Untersuchungen ergeben zudem, dass in 77,4 % der Fälle mit erschwerenden Faktoren Kommunikationsprobleme vorliegen. Dabei werden in 48 % der Fälle keine Aussagen gemacht und notwendige Hinweise gegeben, unklare Bedenken geäußert oder relevante Aussagen nicht korrekt vermittelt oder aufgenommen. Bei Betrachtung der vier Seiten einer Nachricht von Schulz von Thun, liegt die Problematik beim Sender (vgl. Müller 2003b).

Cockpit-Studie

Eine Arbeitsgruppe der Boeing untersuchte die Verbindung zwischen Arbeitsfehlern und Regelverstößen, mit dem Ergebnis, dass 77 % aller Unfälle durch Einhaltung von Regeln hätten vermieden werden können. Im Kern der Untersuchung stand nicht die Frage was einen Vorfall verursacht hat, sondern vielmehr was ihn hätte verhindern können. Ein Ergebnis war zudem, dass Regeln nicht als sinnlos eingestuft werden, aber es aufgrund von Zeitdruck, großer Routine, Nachlässigkeit und dem Gefühl gegen Fehler immun zu sein, es dennoch zu Regelverstößen kommt. Zweck von Regeln ist es auch, dass das Gegenüber Abweichungen überhaupt wahrnehmen kann. Tolerierte Regelverstöße führen weiterhin dazu, dass die Hemmschwelle für die Regelverstöße sinkt. Vorgesetzte besitzen dabei eine enorme Vorbildfunktion (vgl. Müller 2003b).

United States Navy – Human Error

Die United States Navy fand in einer Untersuchung heraus, dass bei Fehlern, die auf einem Human Error basieren, bei 90 % aller Piloten Motivationsprobleme vorlagen. Es wird davon ausgegangen, dass die Bereitschaft zum Regelverstoß und die Risikoakzeptanz bei sinkender Motivation steigen. Zudem wird ein vorausschauendes Denken bei der Durchführung einer widerwilligen Tätigkeit erschwert (vgl. Müller 2003b).

Ergebnisse der Luftfahrtstudien

Aus den Risikostudien der Luftfahrt lassen sich die folgenden relevanten Punkte ableiten:
- Human Factors haben auch in Zeiten der Zunahme von Technik weiterhin einen hohen Stellenwert.
- Zwischenfälle und Unfälle sind häufig durch Kommunikationsprobleme geprägt.
- Kommunikationsprobleme entstehen häufig durch den Sender.
- Die Fehlerintensität erhöht sich durch:
  - suboptimales Arbeitsklima,
  - starre Hierarchien,
  - Regelverstöße,
  - Motivationsprobleme.

Die ermittelten Ergebnisse aus den genannten Studien werden durch die Arbeiten von Weick und Sutcliffe weiter gestützt (vgl. Weick und Sutcliffe 2010).

6.2 Prinzipien der High Reliability Organizations

Die Professoren Weick und Sutcliffe der Universität Michigan, die ihre Forschungsschwerpunkte u. a. im Bereich der Organisationsgestaltung haben, greifen die Frage weiter auf, warum es einigen Organisationen gelingt, „ihre

Funktionsfähigkeit und Struktur angesichts dramatischer Veränderungen [in einer zunehmend dynamischen und unsicheren Welt] zu bewahren[,] [...]gestärkt aus Krisen hervorzugehen" und so erfolgreicher sind, künftige Herausforderungen besser zu meistern als andere (Weick und Sutcliffe 2010, S. VII). Organisationen, die diese Herausforderungen bewältigen können, sind zumeist High Reliability Organizations (HRO). Übersetzt werden diese vereinfacht als Hochrisikoorganisationen bezeichnet, zu denen atombetriebene Flugzeugträger, Stromnetzbetreiber, Atomkraftwerke, Flugkontrollsysteme und auch Notaufnahmen in Krankenhäusern gehören. Diese Organisationen arbeiten unter extrem schwierigen Bedingungen, es treten jedoch viel weniger Unfälle und Störungen auf als statistisch zu erwarten ist (vgl. Weick und Sutcliffe 2010). Weick und Sutcliffe haben bei der Analyse von HROs herausgefunden, dass diese neben außergewöhnlichen strukturellen Merkmalen auch anders denken und handeln als andere Unternehmen, indem sie sich mit dem „Management des Unerwarteten" auseinandersetzen (Weick und Sutcliffe 2010, S. VIII). Kernbotschaft ist, dass Erwartungen Probleme initiieren können, wenn die Orga-

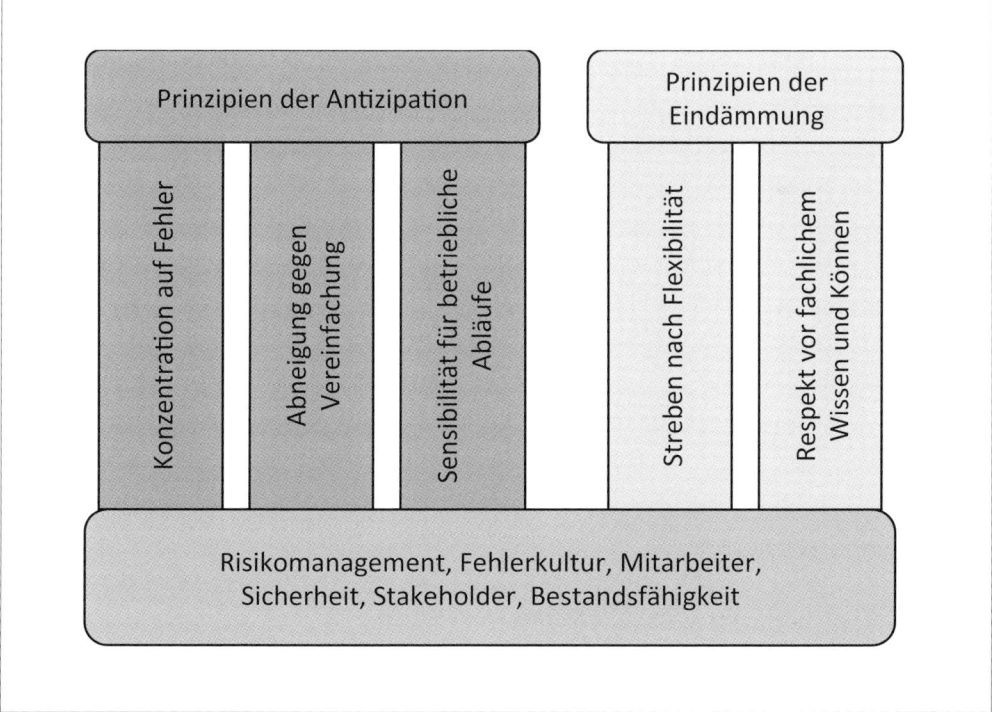

Abbildung 13: Prinzipien der HROs *(Quelle: Eigene Darstellung)*

nisationsstrukturen nicht durch Achtsamkeit geprägt sind. Fünf Prinzipien der Antizipation und Eindämmung dienen dazu, diese Achtsamkeit kontinuierlich auszubauen und anzuwenden. Zudem bilden diese Prinzipien die Grundlage für Denkprozesse und Verhaltensmuster. Zu den Prinzipien der Antizipation zählen: Konzentration auf Fehler, Abneigung gegen vereinfachende Interpretation, Sensibilität für betriebliche Abläufe; zu den Prinzipien der Eindämmung zählen: Streben nach Flexibilität und Respekt vor fachlichem Wissen und Können. Abbildung 13 verdeutlicht die Auswirkungen und den Einfluss der fünf Prinzipien der Antizipation und Eindämmung. Diese Prinzipien werden in den nächsten Abschnitten näher erläutert und teils durch Praxisbeispiele gestützt.

6.3 Prinzipien der Antizipation

Konzentration auf Fehler

Konzentration auf Fehler impliziert bei HROs vor allem zwei Dinge. Zum einen, dass bereits auf schwache Signale, die Auslöser für eine Störung sein können, geachtet wird, da diese symptomatisch für größere Fehler des Systems sein können. Zum anderen, dass Fehler, die auf keinen Fall passieren dürfen, in den angewandten Strategien verdeutlicht werden. Das bedeutet, dass signifikante Fehler antizipiert und möglichst genau beschrieben werden. Dabei konzentrieren sie sich vor allem „auf Ereignisse, die vom Erwarteten abweichen, und insbesondere auf Abweichungen, die auf strategisch signifikante Fehler hindeuten" (Weick und Sutcliffe 2010, S. 56). Fehlern wird ähnlich viel Aufmerksamkeit gewidmet wie Erfolgen. Vor allem im Hoch eines Erfolges sollten Fehler immer Präsenz haben, um mögliche Gefahren weder zu vergessen, noch zu übersehen. Die Fehlerentdeckung ist nicht immer einfach und eindeutig. Verschiedene Instrumente dienen dazu, Fehler aufzudecken. Beispielsweise die Erstellung einer Liste von Erwartungen, was passieren kann, und die anschließende Betrachtung von Abweichungen, oder Checklisten, die die Aufmerksamkeit auf Situationen lenken sollen, deren Anfälligkeit bewusst ist. Ebenso sollte achtsam auf Fehler in bereits bestehenden Verfahrensanweisungen geachtet werden und diese sollten nicht einfach blind übernommen werden. Bei Verdacht sind diese zu hinterfragen. Neben der Fehlerentdeckung ist die Fehlermeldung von hoher Relevanz. Damit Fehler gemeldet werden, ist ein angstfreies Fehlermelden essenziell, das Unternehmen muss zu diesem motivieren. Die besten HROs nutzen Fehlermeldungen als Wissensfundament, belohnen diese teils sogar und sind weit entfernt von einer Organisation, in der sich die Mitarbeiter aufgrund von Sanktionen nicht trauen, Fehler zu melden.

Fehler, die frühzeitig entdeckt werden, ermöglichen mehr Optionen zur Fehlerbehebung. Je früher nach einer Fehlerquelle gesucht wird, desto schwieriger ist sie allerdings auch ausfindig zu machen. Zusammenfassend ist festzuhalten, dass HRO „besessen von Fehlern sind" (Weick und Sutcliffe 2010, S. 10). Das bedeutet, sie betrachten jeglichen kleinen Fehler oder jede Unstimmigkeit als Hinweise dafür, dass im System etwas nicht optimal funktioniert und es bei einer unglücklichen Verkettung von mehreren Fehlern (siehe Swiss-Cheese-Modell) zu ernsthaften Konsequenzen kommen kann (vgl. Weick und Sutcliffe 2010).

Abneigung gegen Vereinfachungen

Ein weiteres bei HROs zu erkennendes Merkmal ist eine Abneigung gegen vereinfachende Interpretation. Grund dafür ist, dass ihnen bewusst ist, wie umfangreich, komplex, unvorhersehbar und schnell veränderlich die Umwelt ist. Daher bringen HROs sich selbst in eine Position, die eine möglichst umfassende Interpretation zulässt. Ohne jegliche Vereinfachung kommt kein Unternehmen aus, es ist allerdings das Bewusstsein zu stärken, welche Bereiche zu vereinfachen sind, und sich mit den implizierten Fehlern zu beschäftigen. Dabei sind Fehler zu definieren, die keinesfalls passieren dürfen (vgl. Weick und Sutcliffe 2010). Einteilungen in Kategorien und Unterkategorien können dazu führen, dass auf blinde Flecken, Fehler oder neue Kategorien aufmerksam gemacht wird. Eine Vorinterpretation wird zur Vereinfachung akzeptiert, da aufgrund einer ausführlichen Beschäftigung und Überlegung zur Einteilung dies zu wichtigen Erkenntnissen im Detail führen kann. Sie konzentrieren sich, ebenso wie auf Fehler, darauf, Vereinfachungen komplizierter zu machen, um Fehler aufzudecken. Geprägt sind sie durch eine vorsichtige, zögernde und achtsame Haltung gegenüber Vereinfachungen (vgl. Weick und Sutcliffe 2010).

Die Auswirkung einer fehlerhaften Skalierung der Risikowahrscheinlichkeit ist am Beispiel des Brandes des Cerro Grande zu erkennen. Ein großflächiger Brand ist durch eine fehlerhafte Einschätzung der Komplexität in der Skalierung der Risikowahrscheinlichkeit ausgelöst worden.

Sensibilität für betriebliche Abläufe

HROs richten ihren Fokus eher auf die Ebene der praktischen Arbeit und sind im Gegensatz zu anderen Unternehmen eher situationsbezogen als strategisch ausgerichtet. Die Sensibilität für betriebliche Abläufe steht dabei im Einklang mit einer Sensibilität für Beziehungen (vgl. Weick und Sutcliffe 2010). Ein System bleibt nur effektiv, wenn Informationen und Fehler kommuniziert werden. Die Schaffung dieser Grundlage ist Aufgabe der Organisation. HROs reagieren sensibel auf die chaotische Realität, die in den meisten Systemen herrscht, und sie achten auf die Mehrdeutigkeit ihrer Aktivitäten und tragen dieser Rechnung und schenken kleinsten Abweichungen und Störungen dabei bereits ihre Aufmerksamkeit. Sie lehnen diesbezüglich eine feste Grenze zwischen qualitativem und quantitativem Wissen ab und präferieren viel mehr einen gleichen Stellenwert. HROs versuchen nicht, die Position eines Autopiloten einzunehmen, denn Menschen neigen häufig dazu, in Routinesituationen weniger achtsam vorzugehen und weniger nachzudenken. Beinahe-Unfälle werden von HROs als eine Art Versagen verstanden, die dazu dient einen potenziellen Gefahrenherd aufzudecken. In vielen anderen Organisationen liegt eine Gefahr bei betrieblichen Abläufen in der Überschätzung ihrer Verlässlichkeit. Dabei sehen sie Beinahe-Unfälle nicht als Hinweis an, sondern vielmehr als Erfolg, die Katastrophe glimpflich abzuwenden. Sensibilität für betriebliche Abläufe und Konzentration auf die konkrete Arbeit können blinde Flecken, die im System vorliegen und Beinahe-Fehler oder Fehler auslösen können, ausgleichen (vgl. Weick und Sutcliffe 2010). „Sensibilität für betriebliche Abläufe zeichnet sich durch Zweifel, Forschergeist und spontane Interpretationen aus" (vgl. Weick und Sutcliffe 2010, S. 64).

Zusammenfassend gesagt beruhen die Prinzipien der Antizipation auf einem vorausschauenden Handeln. Unternehmen, die nach diesen Prinzipien handeln, erhöhen ihre Zuverlässigkeit dadurch, dass sie das Unerwartete besser antizipieren und vorhersehen können. Ziel ist es, zu handeln, bevor gravierende Probleme auftauchen und diese zu minimieren. Setzen Organisationen die Prinzipien in aktive Praktiken um, so werden diese u. a. in folgenden Handlungsmustern und Verhaltensweisen ausgedrückt:

- Mitarbeiter werden dazu veranlasst, sich ständig mit dem Unerwarteten auseinanderzusetzen und sensibel dafür zu sein, dass jede Entscheidung oder Handlung falschen Annahmen oder Analysefehlern unterliegen kann.

- Schaffung einer Unternehmenskultur, in der sich Mitarbeiter sicher fühlen, Annahmen anzuzweifeln und Fehler zu melden.

- Bestärkung der Mitarbeiter darin, sich unerwünschte Handlungsausgänge zu überlegen, um potenzielle Vorsichtsmaßnahmen daraus abzuleiten.

- Motivation der Mitarbeiter, Beinahe-Unfälle als Fehler anzusehen und nicht als Erfolg für die Abwendung von Katastrophen.

- Schaffung eines Klimas, in dem Mitarbeiter auf Erfolg, ruhige Zeiten, zu viel Stabilität und Routine, zu wenig Herausforderungen und Vielfalt mit Argwohn und Misstrauen reagieren, um nicht durch Selbstzufriedenheit in Nachlässigkeit zu verfallen.

- Bekämpfung von Neigungen zu Vereinfachungen bei Annahmen, Erwartungen und Analysen durch kontradiktorische Überprüfungen, Auswahl von Mitarbeitern mit Berufserfahrung, Job-Rotation und ständige Fortbildung.

- Schaffung eines Klimas, in dem Meinungsverschiedenheiten offen kommuniziert und konstruktiv bearbeitet werden sowie Anregung vielfältiger Analysen und Ansichten von Technologien und Unternehmensprozessen.

- Hohe Aufmerksamkeit gegenüber den betrieblichen Abläufen und deren Unvollkommenheiten auch in den untersten Ebenen sowie Sicherstellung, dass alle Mitarbeiter zu jedem Zeitpunkt eine kollektive kognitive Landkarte vor Augen haben (vgl. Weick und Sutcliffe 2010).

6.4 Prinzipien der Eindämmung

Schwierigkeiten, Überraschungen und Probleme sind teils schwer vorhersehbar. HROs verbessern daher ihre Antizipationsfähigkeit, um Schwierigkeiten besser begegnen zu können. Vollständig verhindert werden können diese allerdings nie. Kein Unternehmen kann von sich behaupten, dass es perfekt sei und keinerlei Fehler möglich seien. An diese Stelle treten die Prinzipien der Eindämmung, deren Ziel es ist, „Probleme auf achtsame Weise einzudämmen", ohne dabei einen größeren Schaden eingestehen zu müssen (Weick und Sutcliffe 2010, S. 70).

Streben nach Flexibilität

HROs streben nach großer Flexibilität und Widerstandskraft, da ihnen bewusst ist, dass Systeme nicht perfekt sind und allein ein vorausschauendes Handeln nicht alle Schwierigkeiten verhindern kann. Flexibilität bedeutet in diesem Zusammenhang, bereits eingetretene Fehler achtsam wahrzunehmen, flexibel auf sie zu reagieren und sie zu korrigieren, um eine Ausweitung zu verhindern und Schäden einzudämmen. Flexibilität umfasst dabei drei Verhaltensmuster: Bewahrung der Funktionstüchtigkeit trotz Widerständen und Auffangen von Belastungen, ohne dabei aus der Bahn geworfen zu werden; Erholung von Niederschlägen und ungünstigen Ereignissen, ohne sich dabei unterkriegen zu lassen; Lernen aus früheren Situationen, in denen flexibel reagiert wurde, und dadurch wachsen. HROs überwinden Schwierigkeiten, indem Personen, die in einer wechselseitigen Abhängigkeit stehen und unterschiedliche Erfahrungen vorweisen, schnell hinsichtlich Reaktionen und Fehlern agieren können, um auf ein großes Repertoire an Ressourcen zur Fehlereindämmung zugreifen zu können. Sie entwickeln daher Ressourcen, um auf Veränderungen zu reagieren und sie bewältigen zu können. Auslösend ist dabei eine Bemühung zur Erschließung neuer Erkenntnisse, schnelleren Lernens, Ausbau von Kommunikationsfähigkeiten, Erfahrungsvielfalt, der Fähigkeit zur raschen Rückmeldung sowie Akzeptanz von Improvisationen und der Kombination von neuen Handlungsrepertoires. HROs zeichnen sich nicht dadurch aus, dass sie keine Irrtümer machen, sondern dadurch, dass sie durch diese nicht in einen Schockzustand verfallen (vgl. Weick und Sutcliffe 2010).

Respekt vor fachlichem Wissen und Können

Ein weiterer Fokus von HROs liegt auf der Hochachtung von fachlichem Wissen und Können – durch Förderung von Vielfalt. Denn unterschiedliche Perspektiven können nicht nur die Wahrnehmungsfähigkeit in bestimmten Situationen erhöhen, sondern auch durch ihre Vielfältigkeit einen konstruktiven Nutzen hervorbringen. Starre Hierarchien sind dabei nicht förderlich, sondern können eine Fehleranfälligkeit aufgrund dessen, dass Fehler oberer Hierarchieebenen sich mit Fehlern unterer Hierarchieebenen vermischen, erhöhen. Dies kann zu größeren Problemen führen und in Eskalationen enden. Statushierarchien sind nicht immer gleichzusetzen mit Wissenshierarchien, daher öffnen HROs diese Hierarchien zugunsten der fachlichen Kompetenz, um eine größere Menge von

Informationen an Wissen über Probleme zu erschließen. Dabei wandern Entscheidungen in der Hierarchieebene nach unten, was aber keinesfalls bedeutet, dass dies einseitig geschieht. HROs sind dadurch geprägt, dass bei Erreichung seiner eigenen Wissensgrenzen Hilfe in Anspruch genommen wird, ohne dabei Angst zu haben oder seinen Status zu verlieren. Fachkompetenz wird respektiert und in Anspruch genommen. Dies ist ein Zeichen von Stärke und Selbstbewusstsein (vgl. Weick und Sutcliffe 2010).

Die Prinzipien der Eindämmung dienen im Gegensatz zu den Prinzipien der Antizipation vielmehr dazu, Handeln zu ermöglichen, um Unerwartetes einzudämmen und um eine schnellere Regeneration nach Eintritt des Unerwarteten sicherzustellen. Setzen Organisationen die Prinzipien in aktive Praktiken um, so werden diese u. a. in folgenden Handlungsmustern und Verhaltensweisen ausgedrückt:

- Beschäftigung mit dem Aufbau von Fähigkeiten zum Umgang mit bereits bekannten Fehlern mit ebenso viel Energie, wie für die Verbesserung von Fähigkeiten, die dazu dient künftige Ereignisse/Probleme besser zu planen und zu antizipieren.

- Schaffung von Voraussetzungen zur Sicherstellung der „Erhöhung der Achtsamkeit, schneller[en] Lernen[s], flexibler Rollenstrukturen, gegenseitige[r] Hilfsbereitschaft [sowie] schnellerer Situationsbeurteilungen" (Weick und Sutcliffe 2010, S. 85).

- Ermunterung zum Handeln, bereits während man nachdenkt oder zur Handlung, um nachzudenken, im Gegensatz zu den Prinzipien der Antizipation (reaktive Vorgehensweise).

- Motivierung der Mitarbeiter, Schwachstellen des Unternehmens aufzudecken und zu kommunizieren, um auf sie reagieren zu können.

- Schaffung von informellen Netzwerken von Personen, die im sich Bedarfsfall schnell zusammenschließen, um schwierige Probleme zu lösen.

- Schaffung einer innerbetrieblichen Dynamik, die dazu dient, dass die Führungsrolle der Person zugesprochen wird, die in der Situation das Problem/das Unerwartete bewältigen kann (vgl. Weick und Sutcliffe 2010).

Kapitel 7 // Darstellung eines „möglichen" ganzheitlichen Risikomanagementansatzes

Nachdem zunächst die Grundlagen und der klassische Risikomanagementprozess sowie darauf aufbauend die Durchführung von Risikomanagement außerhalb des Gesundheitsweisens erläutert wurde, sollen diese nun in einen gemeinsamen Ansatz überführt werden. Aber wie zuvor schon angedeutet, ist der klassische Risikomanagementprozess dennoch sehr anfällig und teils unvollständig, da die Identifikation von Risiken zumeist subjektiv ist und die Masse an möglichen Risiken nie vollständig abgebildet werden kann. Gestützt werden soll der klassische Risikomanagementprozess daher durch die Erkenntnisse der Luftfahrtbranche. Angelehnt an den integrativen Risikomanagementprozess sowie an das Swiss-Cheese-Model von James Reason, welches darstellt, dass es aufgrund einer unglücklichen Aneinanderreihung von Risiken, Fehlern und Fehlverhalten, abgebildet in Form von Käsescheiben, zu einem Zusammenbruch des Systems kommen kann, ist eine Grafik entwickelt worden (siehe Abbildung 14), die die Bestandteile des Risikomanagements verdeutlicht (vgl. Reason 1995, zitiert nach Weimann und Weimann 2013). Grundlage bilden die grundsätzliche Managementkultur, die gesetzlichen Rahmenbedingungen sowie die Risikomanagementstrategie. Die auf diesen Ebenen getroffenen Entscheidungen beeinflussen sämtliche Abläufe und das Verhalten im Unternehmen. Risikomanagement muss zudem sowohl auf der normativen, strategischen als auch operativen Ebene Einfluss finden. Die genannten Ebenen bilden den Grundstock für den Entstehungs- und Verhinderungsprozess von VUE, UE, Behandlungsfehlern oder auch Zwischenfällen. An erster Stelle stehen die Risikofaktoren, die durch Faktoren der Fehlerentstehung bereits zu Fehlern und unsicheren Handlungen führen. Durch die Intensivierung der Graustufen wird dargestellt, dass bei Aufeinandertreffen der verschiedenen Faktoren die Wahrscheinlichkeit eines Zwischenfalls erhöht wird. Die einzelnen Inhalte wurden in den vorherigen Abschnitten bereits erläutert. Aufgehalten werden soll solch ein Zusammenbruch durch Mauern. Diese Mauern bilden zum einen weiche Kriterien und zum anderen harte Kriterien ab. Die Mauer der harten Kriterien setzt sich aus dem klassischen Risikomanagementprozess zusammen, die der weichen Kriterien beispielsweise aus den Prinzi-

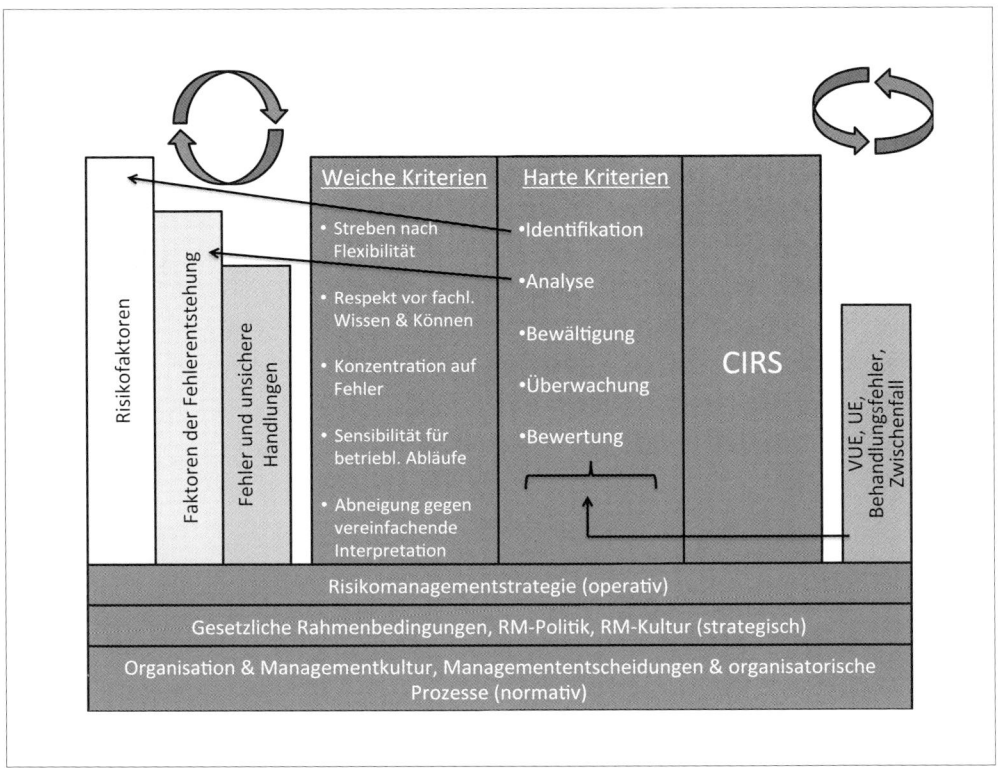

Abbildung 14: Ganzheitlicher Risikomanagementprozess (Quelle: Eigene Darstellung)

pien der HROs. Das Symbol der Mauern soll darüber hinaus darstellen, dass diese aus der Zusammensetzung von vielen verschiedenen (Mosaik-)Steinen bestehen. Je engmaschiger die Mauer gebaut wird, desto stärker dient sie als Schutzschild. Ein geeignetes Instrument, welches zusätzlich als Schutzmauer dienen kann, ist CIRS. Es steht vor dem Zwischenfall, da es Beinahe-Zwischenfälle sammelt, analysiert und dazu dient, größere Fehler zu vermeiden. Es handelt sich um einen kontinuierlichen Prozess, dabei sind nicht nur Risikofaktoren, sondern auch VUE, UE, Behandlungsfehler und Zwischenfälle zu identifizieren und analysieren.

Kapitel 8 // Aufbau von Fehler-Ereignis-Meldesystemen im Praxisvergleich

Fehler-Ereignis-Meldesysteme (CIRS) werden in komplexen Bereichen, wie z. B. der Luftfahrt, der Atomindustrie oder auch im Krankenhaus eingesetzt, um methodisch zu gewährleisten, dass die Sicherheit auch programmatisch an erster Stelle steht. Durch diese Meldesysteme werden Risiken, Fehler oder Schwachstellen gemeldet, um diese zu analysieren und zu beheben. Hauptbestandteile des CIRS sind das Zusammenspiel von Meldung und Ursachenanalyse. Unterschieden wird zwischen Fehler-Ereignis-Meldesystemen, bei denen nach gründlicher Analyse aus einem Fehler gelernt wird, und Beinahe-Ereignis-Meldesystemen, die ein rechtzeitiges Einschreiten möglich machen sollen (vgl. Wolter 2009).

Ihren Ursprung haben Fehler-Ereignis-Meldesysteme in der amerikanischen Luftwaffe im zweiten Weltkrieg. Auch hier wurden Fehler analysiert, um eine Wiederholung zu vermeiden. Seitdem entwickeln immer mehr Unternehmen Fehler-Ereignis-Meldesysteme, deren Basis für einen Erfolg klar definierte Inhalte, sowie eine festgelegte Aufbaustruktur sind (vgl. Wolter 2009).

8.1 Aufbau und Inhalte von CIRS im Risikomanagement in der Industrie

Auch Fehler-Ereignis-Meldesysteme aus Bereichen der Industrie, speziell der Nuklearindustrie gelten als Beispiel für die Einführung solcher Systeme im Gesundheitswesen. Im Gegensatz zur Luftfahrt und den bekannten Systemen im Gesundheitswesen, ist das Melden eines Vorfalls in diversen Industrieunternehmungen, bei denen ein Vorfall Auswirkungen auf die Sicherheit von Anwohnern hätte, nicht freiwillig, sondern muss gemäß §19 Störfallverordnung unverzüglich gemeldet werden. Zuständig für diese Meldungen ist die zentrale Melde-und-Auswertestelle für Störfälle und Störungen. Dies geschieht üblicherweise auf dem schriftlichen Weg, möglich ist aber auch eine Meldung per E-Mail. Der Bogen für die Erstellung einer Meldung ist auf der Internetseite des

Umweltbundesamtes zu finden, gleichzeitig werden ausgewertete Meldungen auf dieser Seite zusammengefasst dargestellt (vgl. Umweltbundesamt 2008).

Der Meldebogen gemäß Störfallverordnung ist in sieben Abschnitte untergliedert und beginnt mit allgemeinen Angaben. Zu diesen zählen die Einstufung des Geschehens (eine Erklärung zur jeweiligen Einstufung befindet sich ebenfalls in der Störfallverordnung), der Name und die Anschrift des Betreibers, Datum und Zeitpunkt (unterschieden wird hier zwischen Anfang und Ende sowie Tag, Monat, Jahr und Stunde), es folgt die Anschrift des Ortes, der Betriebsbereich, der gestörte Teil des Betriebsbereiches und der Status der schriftlichen Meldung (Mögliche Antworten sind hier: Erstmeldung, Ergänzung/Berichtigung und Abschließende Mitteilung).

- Der zweite Abschnitt handelt von der Art des Ereignisses und der beteiligten Stoffe. Es wird zwischen folgenden Ereignissen unterschieden:

- Explosion,

- Brand,

- Stofffreisetzung in die Atmosphäre/Gewässer/Boden.

Als Angabe bei den beteiligten Stoffen wird die laufende Nummer, die chemische Bezeichnung, Klassifikation, die Chemical Abstract Service (CAS) Nummer, die Nummer nach Störfallverordnung und die Mengenangabe in Kilogramm verlangt. Darauf folgt in Abschnitt drei die Beschreibung der Umstände, darunter fallen die Angaben zu den Betriebsbedingungen des gestörten Anlageteils, das auslösende Ereignis, die Einleitung und Funktion der Sicherheitsmaßnahmen, die atmosphärischen Bedingungen und zuletzt der Hinweis auf ähnliche Ereignisse. Abschnitt vier befasst sich mit der Ursachenbeschreibung. Ist die Ursache bekannt oder nicht, oder kann man sie auch nach Untersuchung nicht ausreichend erklären? Die möglichen Antworten zur Ursachenklassifizierung sind: betriebsbedingtes, menschliches oder umgebungsbedingtes Versagen sowie die Antwort „Sonstige". In diesem Fall sollte die Antwort genau erläutert werden.

Der fünfte Abschnitt, Art und Umfang des Schadens, gliedert sich in Bereiche innerhalb des Betriebes und in Bereiche außerhalb des Betriebes. Zu jedem der beiden Bereiche müssen Personenschäden angegeben werden. Ausgehend von den insgesamt anwesenden Personen soll angegeben werden, wie viele Personen geschädigt wurden, durch Tod, Verletzung oder Vergiftung. Weiterhin muss gemeldet werden, welche Ursachen diese Katastrophe ausgelöst haben, z. B. Brand, Explosion oder Freisetzung von Chemikalien. Zusätzlich soll angegeben werden, ob es zu sonstigen Beeinträchtigungen von Personen und/oder zu Sachschäden und Umweltschäden führte. Sollten Sachschäden und Umweltschäden entstanden sein, sind die geschätzten Kosten zu deren Beseitigung dieser anzugeben. Die letzte verlangte Angabe ist, ob die Gefahr weiterhin besteht oder ob Entwarnung gegeben werden kann. Zusätzlich zu den Schäden außerhalb des Betriebes wird nach der Störung der öffentlichen Versorgung und den eventuellen grenzüberschreitenden Schäden gefragt (siehe Anhang).

Der sechste Abschnitt handelt von den eingeleiteten Notfallmaßnahmen. Dazu zählen:

Schutzmaßnahmen nach und während des Ereignisses, sowohl innerhalb, als auch außerhalb des Betriebes

- Maßnahmen zur Beseitigung von Sach- und Umweltschäden,

- Maßnahmen zur externen Gefahrenabwehr (Schutzmaßnahmen, Evakuierung, Dekontamination, Sanierung).

Der siebente Abschnitt beinhaltet die Maßnahmen für die Verbesserung der Anlagensicherheit; wie könnte man eine Wiederholung ähnlicher Vorfälle vermeiden und welche Vorkehrungen können getroffen werden? Im achten und letzten Abschnitt erfolgt die Angabe, wie viel Zeit für eine Umsetzung der Maßnahmen erforderlich ist.

8.2 Aufbau und Inhalte von CIRS im Risikomanagement in der Luftfahrt

Die Luftfahrt ist mit dem Gesundheitswesen und der Industrie dahingehend vergleichbar, dass hochkomplexe Arbeitsabläufe in vielen Bereichen erforderlich sind, in denen das Zusammenspiel von Menschen, die auch im Team agieren müssen, und der Technik, die sowohl fehlerfrei funktionieren, als auch exakt bedient werden muss, an oberster Stelle stehen. Ein kleinster Fehler-, oder eine minimale Schwachstelle-, können das extrem hohe Sicherheitsniveau gefährden (vgl. Thomeczek und Ollenschläger 2005).

Laut NASA basieren 70% aller Flugunfälle auf menschlichen Fehlern. Die NASA hat 1975 erkannt, dass die oberste Priorität sein sollte, die Ursachen festzustellen und den Vorgang zu analysieren, um zu erkennen, was dazu geführt hat, dass ein Unfall nicht vermieden werden konnte, oder welches Verhalten zum Scheitern führte. Auf diesen Ergebnissen basierend hat die NASA zusammen mit der amerikanischen Flugsicherheit FAA ein Fehler-Ereignis-Meldesystem eingeführt. Dieses freiwillige und anonyme Meldesystem ASRS (Aviation Safety Reporting System) hat dazu geführt, dass schon mehr als 400.000 Unfälle oder Beinahe-Unfälle gemeldet wurden. Diese hohe Resonanz lässt sich vor allem damit begründen, dass die NASA jedem, der einen Vorfall innerhalb von zehn Tagen meldet, Sanktionsfreiheit gewährleistet. Diese Sanktionsfreiheit soll natürlich die Verursacher und Beobachter kritischer Situationen locken, diese zu melden. Die Hauptursache für den allgemein sehr hohen Sicherheitsstand, der heutzutage im Luftverkehr herrscht, ist zurückzuführen auf dieses Meldesystem (vgl. Thomeczek und Ollenschläger 2005).

Obwohl das Formular der ASRS für jedermann im Internet zugänglich ist, dürfen Privatpersonen, die während des Fluges etwas beobachtet haben, keine Meldung abgeben, da sie keine Erfahrung haben, die Situation detailliert genug einzuschätzen. Zur Verfügung steht dem Meldenden ein dreiseitiges Formular, in dem anfangs darauf hingewiesen wird, keine Flugunfälle oder kriminelle Ereignisse zu melden, da diese nicht in den Bereich der ASRS fallen. Obwohl Anonymität garantiert wird, werden Kontaktdaten erbeten, um bei eventuell bestehenden Nachfragen den Berichterstatter ausfindig machen zu können. Allerdings wird direkt darauf hingewiesen, dass der Abschnitt, der die persönlichen Daten enthält, an die Person zurückgeschickt wird. Im obersten Abschnitt des Formulars müssen außerdem Angaben zu der in den folgenden Abschnitten beschriebenen Situation gemacht werden. Dazu zählen Angaben, um welche Situation es sich handelt, das Datum und die genaue Uhrzeit des Vorfalls.

Im nächsten Abschnitt müssen detaillierte Angaben zur Person und zum Ereignis gemacht werden, es sind verschiedene Oberbegriffe und dazugehörige Antwortmöglichkeiten bereits vorformuliert. In der ersten Zeile werden genauere Angaben zur berichtenden Person verlangt. Wer berichtet: der Kapitän, der ausführende Pilot oder der Copilot? Zum anderen muss angegeben werden, wie viele Stunden die zu berichtende Person insgesamt und in den letzten 90 Tagen geflogen ist. Eine weitere Angabe in diesem Abschnitt ist, wie lange man diesen Beruf schon ausübt. Des Weiteren muss angegeben werden, welche Qualifikationen die Person hat, handelt es sich um einen Studenten, fliegt man für private Zwecke oder war man als Berufspilot unterwegs? Dazu gehört die Angabe, welches Rating man besitzt. Als letzte Angabe wird in dieser Zeile die „Air Traffic Control Experience" verlangt, welche aussagt, wie lange und welche Erfahrung man in der Flugsicherheitskontrolle hat.

In der nächsten Zeile folgen Angaben zu den genaueren Flugbedingungen. Dazu zählen, in welchem Luftraum man sich während des Geschehens befand. Zudem werden Daten der Flugbedingungen verlangt. Unterschieden wird dabei zwischen den Visual Meteorological Conditions (VMC), die für einen Sichtflug gegeben sein müssen, und den Instrumental Meteorological Conditions (IMC), bei denen ein Instrumentenflug durchgeführt wird. Unterschieden wird hier außerdem zwischen gemischten und grenzwertigen Bedingungen. Zu den Wetterbedingungen können genauere Angaben gemacht werden, wie z.B. Nebel, Regen, Schnee, Wind oder, ob Turbulenzen herrschten. Es werden weiter Angaben zu den Lichtverhältnissen verlangt: Fand der Flug in der Morgen- oder Abenddämmerung, tagsüber oder nachts statt? Wie hoch waren die Wolken, wie viel Meilen Sicht hatte man und wie war die Distanz, in der der Pilot die Begrenzung der Start- und Landebahn sieht. Die letzte Angabe in dieser Zeile betrifft die Stelle, zu der man in der Situation Kontakt hatte. Unterschieden wird z.B. zwischen den Angaben der Rampe, des Tower oder Center.

In der dritten Zeile können Informationen zu zwei Flugzeugen gemacht werden. Sollten mehr als zwei Flugzeuge beteiligt gewesen sein, müssen diese in der Beschreibung der Situation erwähnt werden. Es muss angegeben werden, um welches Modell es sich handelt, zu welchem Zweck die Maschine unterwegs war und welche Mission sie hatte. Außerdem ist der Flugplan anzugeben, der differenziert zwischen Sicht- und Instrumentenflug. Als letzte Information wird die Angabe der Route verlangt, die geflogen wurde. Handelt es sich um einen Direktflug, befand man sich über dem Ozean oder wurde nach Vektoren geflogen?

Der letzte Teil des Formulars befasst sich mit dem Ort und diversen Fragen zum Geschehen. Verlangte Angaben zum Ort sind die Höhe und die Distanz, die zum Zeitpunkt des Geschehens zum Flughafen, einem Hilfspunkt oder einem Navigationspunkt bestand. Fragen, die zur Situation gestellt werden, sind:

– Abstand zwischen dem ersten und zweiten Flugzeug?

– Hat man aktiv eingegriffen?

- Hat das Traffic Alert and Collision Avoidance System (TCAS) eine Rolle gespielt?
- Hat das Terrain Awareness and Warning System (TAWS) reagiert?

Bei TCAS und TAWS handelt es sich um Warnsysteme, die in verschiedenen Situationen automatisch reagieren. Diese Fragen sollen zu diesem Zeitpunkt ausschließlich mit Ja oder Nein beantwortet werden.

Auf der nächsten Seite wird zuerst die Absicht der ASRS erklärt. Der größtmögliche Erfolg wird durch eine detailgetreue Meldung garantiert. Es wird nochmals darauf hingewiesen, dass Sanktionsfreiheit und Anonymität gewährleistet wird und dass die ASRS nicht für Unfälle oder kriminelle Vorgänge zuständig ist. Auf diese Erläuterung folgt die Adresse der ASRS.

Zum Schluss stehen circa anderthalb Seiten zur Verfügung, um die Situation zu beschreiben. Dazu stehen dem Berichterstatter Stichpunkte zur Verfügung, die er nutzen kann, um die Beschreibung zu verfassen.

Wie bereits zu Beginn erwähnt, sind die meisten der verlangten Angaben so spezifisch, dass es einem Außenstehenden unmöglich ist, dieses Formular detailliert genug auszufüllen und damit zu einer Aufklärung beizutragen.

8.3 Aufbau und Inhalte von CIRS in der Praxis

Aufgrund der positiven Erfahrungen mit den Fehler-Ereignis-Meldesystemen wie beim allgemeinen Vorreiter, der Luftfahrt, aber auch in anderen Bereichen, in denen Sicherheit eine außerordentlich große Rolle spielt, etablieren sich diese Systeme nun auch vermehrt im Risikomanagement verschiedener Krankenhäuser und alsbald auch in den Pflegeeinrichtungen.

Jedes Krankenhaus/Pflegeheim kann intern frei entscheiden, ein solches einzuführen oder nicht. Es bestehen allerdings zu verschiedenen Bereichen des Gesundheitswesens überregional organisierte Meldesysteme. Diese werden z.B. vom Robert-Koch Institut organisiert und haben primär statistischen Charakter, um allgemeingültige Empfehlungen auszusprechen (vgl. Lauterberg 2009).

Den Aufbau und die einzelnen Inhalte eines solchen Meldesystems kann und sollte ein Träger einer Einrichtung, die sich zu einer Einführung entscheidet, selber bestimmen. Es sollte jedoch vermieden werden, einen bereits bestehenden Berichtbogen einer anderen Einrichtung „blind" zu übernehmen, da jede Einrichtung für sich eigene Strukturen und Bereiche hat. Der endgültigen Einführung eines Meldesystems sollte eine Probephase mit anschließender Auswertung und Analyse vorhergehen. Bevor man mit der Erprobungsphase startet, sollte man die Intention des einzuführenden Fehler-Ereignis-Meldesystems definieren. Um diese festzulegen, sind die Schwerpunkte des Systems zu diskutieren. Fraglich ist, ob ausschließlich z.B. nur Fehler gemeldet werden sollen, die zu schweren gesundheitlichen Schäden geführt haben oder ob auch kleinere Auffälligkeiten und Schwachstellen, sowie ob Beinahe-Fehler dokumentiert und analysiert werden sollen.

Mit der Meldung schwerwiegender Fehler geht immer ein Disziplinarzweck einher, da besonders im medizinischen-pflegerischen Bereich, wo es um Menschenleben geht, die Auswirkungen erheblich sein können. Das kann dann im Bereich des Schadenersatzes und des Schmerzensgeldes nicht sanktionsfrei bleiben. Will man aber gleichzeitig auch einen Lerneffekt erzielen, so ist es sinnvoll, auch Beinahe-Fehler oder kleine Auffälligkeiten zu melden (vgl. Lauterberg 2009).

In der Erprobungsphase lässt sich natürlich auf bestehende Systeme und Berichtsbögen zurückgreifen. Dabei sollte vor allem darauf geachtet werden, dass anhand der ausgefüllten Bögen Antworten auf folgende Fragewörter gegeben werden:
– Wer?

– Was?

– Warum?

– Wo?

– Wie vermeiden?

Da die Anonymität bei Fehler-Ereignis-Meldesystemen im Vordergrund stehen sollte, ist es wichtig, die Frage „Wer" nicht zu verwechseln mit „Name". Es geht dabei viel mehr um die Position, die diese Person vertritt, und welche Sichtweise sich daraus ergeben könnte. Je nach Größe der Institution könnte dieser Punkt die Anonymität trotzdem nicht gewährleisten (vgl. Hart 2009).

Beispiel: Pilotprojekt norddeutscher Kinderkliniken

Die Einführung eines CIRS in norddeutschen Kinderkliniken hat gezeigt, dass es in einer Klinik viel schwieriger ist, die Anonymität zu wahren, als innerhalb einer großen und offenen Institution. Ist eine Wahrung der Anonymität schwer zu gewährleisten, erfordert die Situation Vertrauen in das System und die Aufklärung darüber, dass es bei einer Fehlermeldung nicht um Sanktionen, sondern um den Lerneffekt geht. Die Analyse und Lösung sollte sich auf eine Veränderung im Risikomanagement konzentrieren, nicht auf die Bestrafung einer Person oder eines Teams. Vertrauen bedarf aber auch einer funktionierenden Kommunikation. Grundsätzlich sollte ein offenes Betriebsklima herrschen, um gemeinsam ein CIRS zu entwickeln, das der Klinik, dem Risikomanagement und damit verbunden auch der Qualität und dem Image einen möglichst großen Erfolg sichert (vgl. Hart 2009).

Das Pilotprojekt der norddeutschen Kliniken verfolgte verschiedene Prinzipien während der Implementierung, darunter auch jene, die den Aufbau und den Inhalt betrafen. Beschlossen wurde, einen einheitlichen Berichtbogen zu erstellen, der auch in Zukunft in den verschiedenen teilnehmenden Kliniken und Abteilungen angewendet wird. Weiter einigte man sich darauf, den Berichtbogen anonym auszufüllen. Eine statistische Auswertung erfolgt monatlich und ist für alle Kliniken im gleichen Maße zugänglich (vgl. Hart 2009).

Im CIRS der norddeutschen Kliniken können ausschließlich Angestellte melden, die direkten Patientenkontakt haben – analog in einer Pflegeeinrichtung alle Mitarbeiter, die in der unmittelbaren Bewohnerversorgung einbezogen sind. Berichten können diese entweder über einen konkreten Zwischenfall oder einen Beinahe-Zwischenfall. Das Melden eines Fehlers ist in elektronischer und schriftlicher Form möglich. Der Bogen beinhaltet neun Fragen, deren Antwortmöglichkeiten bis auf zwei Fragen, die als Freitext beantwortet werden sollen, bereits vorformuliert sind. Der Berichtsbogen unterliegt dadurch einer vorgegebenen Struktur, was eine Analyse und eine Vergleichbarkeit einfacher macht. Aufbau und Inhalt orientieren sich an den bereits oben erwähnten Fragewörtern.

Frage eins soll Aufschluss darüber geben, wer über den Zwischenfall berichtet. Mögliche Antworten sind: Facharzt, Assistenzarzt, Pflegekräfte sowie Pflegeschüler. Darauf folgt die Frage: Wer ist betroffen? Angegeben werden soll hier auch das Alter des Patienten. Ergänzend dazu soll in Frage drei beschrieben werden, woran der Patient leidet. Schließlich wird in Frage vier eine Beschreibung der Situation verlangt. Es soll beantwortet werden, was passiert ist (oder beinahe) und mit welchen derzeitigen Folgen. Auswählen kann man zwischen: keine Folgen, geringe oder erhebliche/noch nicht absehbare Folgen. Die Antwortmöglichkeiten zu Frage fünf wo und wann sich der Vorfall ereignete, sind: Transport, Kreißsaal/OP, (Notfall)Ambulanz, Funktionsbereiche, Intensivstation oder Allgemeinstation. Als Zeitpunkte werden die einzelnen Schichten vorgegeben, 06.00 – 14.00 Uhr, 14.00 – 22.00 Uhr und 22.00 – 06.00. Differenziert wird außerdem zwischen den Werktagen Montag-Freitag und dem Wochenende. Es folgt die Frage: Wobei hat sich der Vorfall ereignet? Die Antworten können sein: bei der Diagnostik, der invasiven Therapie, der medikamentösen Therapie oder während der Pflege bzw. Überwachung des Patienten.

Auf diese allgemeine Schilderung der Situation folgen nun die Fragen, die für die Analyse nachher von großer Bedeutung sind. So wird in Frage sechs nach dem Auslöser des Vorfalls gefragt. Die Antworten können die gleichen sein, wie sie schon in Frage eins vorformuliert wurden. Hinzu kommt allerdings die Antwortmöglichkeit, dass es sich um einen Materialfehler oder Geräteversagen handelt. Schließlich folgt die Frage: Warum ist es passiert und gibt es dafür persönliche Gründe? Bei einem persönlichen Grund kann es sich um verminderte Aufmerksamkeit, hohe Arbeitsbelastung und fehlerhafte Dokumentation handeln. Frage acht verlangt außerdem Angaben über eventuelle Kommunikationsfehler innerhalb des Teams, zwischen verschiedenen Teams, zwischen den niedergelassenen Ärzten und dem Krankenhaus, oder mit den Eltern, sowie Angaben über Gründe, die die Organisation betreffen. Solche Gründe können Personalmangel, Zeitdruck, der aufgrund eines Notfalls entstanden ist, mangelnde Information über einen Patienten und technisches Versagen sein. Zum Schluss wird gefragt, ob der Meldende selbst eine Idee hat, wie man einen solchen Vorfall in einer anderen Situation vermeiden könnte, dazu zählen auch Verbesserungsvorschläge zur Kommunikation.

Beispiel: Konzept des Kantonsspitals St. Gallen

Ein weiteres in der Literatur beschriebenes Konzept ist das Fehler-Ereignis-Meldesystem des Kantonsspitals St. Gallen, das aus einem Projekt der Netrange AG (Sitz in der Schweiz) und dem Kantonsspital hervorgegangen ist. Durch Einführung des Systems im Kantonsspital selbst entstand das Projekt Meldeportal®. Unterschieden wird zwischen dem:

- Meldeportal® St. Gallen, welches speziell auf das Kantonsspital St. Gallen zugeschnitten ist;
- Meldeportal® Individual CIRS, welches sich jedes Krankenhaus für seine Bedürfnisse erstellen lassen kann;
- Meldeportal® Hosted CIRS, welches man über das Portal mieten kann, wenn man sich kein eigenes, individuell abgestimmtes CIRS leisten kann (vgl. Netrange AG 2012).

So wie das Projekt der US-Luftwaffe als Vorreiter von Fehler-Ereignis-Meldesystemen gilt, gilt das Projekt der Netrange AG und des Kantonsspitals als Vorreiter jener Systeme im Gesundheitswesen. Es werden allerdings im Rahmen des St. Gallener Meldesystems ausschließlich Beinahe-Schäden gemeldet, die nicht zu einem gesundheitlichen Schaden geführt haben. Diese in der Literatur verankerte Aussage wird auf der Website des Kantonsspitals revidiert, denn laut der Beschreibung des Risikomanagements sollen sowohl Ereignisse mit als auch ohne Schadensfolge gemeldet werden (vgl. Kantonsspital St. Gallen 2012). Für die Meldung von Ereignissen ist das Kantonsspital in diverse Meldekreise eingeteilt. Für jeden dieser Meldekreise gibt es zwei Ansprechpartner, die den Meldekreis bei den regelmäßigen Besprechungen vertreten. Die Meldung erfolgt über ein Formular, welches im Intranet des Kantonsspitals zur Verfügung steht, es können also nur Mitarbeiter einen Vorfall melden, die auch Zugang zum Intranet haben (vgl. Ertl-Wagner et al. 2009).

Der Berichtsbogen beginnt mit einer kurzen Definition: „Ein Zwischenfall ist ein ungewolltes oder vermeidbares Ereignis, welches den Patienten gefährden kann, aber nicht schädigt" (Kantonsspital St. Fallen 2012, o.S.). Diese Definition widerspricht der Angabe des Risikomanagements des Kantonsspitals, weil der Berichterstatter in dieser Definition darauf hingewiesen wird, dass ausschließlich Beinahe-Fehler gemeldet werden. Fraglich ist, warum das System nicht als Fehler-Ereignis-Meldesystem agiert. Ein Grund wäre beispielsweise die Haftungsfrage im Falle einer Klage. In diesem Fall kann eine Fehlermeldung auch ein Schuldeingeständnis sein. Als erste Information wird vom Berichterstatter die Angabe des zuständigen Spitals verlangt, da es sich um einen Zusammenschluss von drei Spitälern handelt. Darauf folgt die Angabe des Meldekreises, in dem sich der unerwünschte Beinahe-Vorfall ereignet hat.

Nach diesen beiden allgemeinen Angaben folgt die Beschreibung des Ereignisses. Hat der Berichterstatter den Vorfall beschrieben, sollen von seiner Seite aus Maßnahmen erläutert werden, wie ein ähnlicher Vorfall in Zukunft zu vermeiden wäre. Die Einschätzung des Schweregrades erfolgt in drei Stufen:

- Grad 1: leicht, keine Maßnahmen wären nötig gewesen.
- Grad 2: mittel, Notwendigkeit einer Therapie/eines Einschreitens seitens des Personals.
- Grad 3: schwer, es hätte zu einem lebensbedrohlichen Vorfall kommen können, auch Todesfolge möglich.

Auf die Beschreibung des Ereignisses folgt die Suche nach den Ursachen. Zur Verfügung stehen dem Berichterstatter fünf Kategogieren, die nochmals unterteilt sind, um die Ursache für das Geschehen anzugeben. Als erste mögliche Ursache wird nach menschlichen Fehlern gefragt, diese können Fehleinschätzung, Müdigkeit, Stress oder ungenügendes Fachwissen sein. Organisation oder Kommunikation steht als zweite mögliche Ursache zur Verfügung. Ursachen, die zu dieser Kategorie gehören, sind zum Beispiel sprachliche Fehler oder Personalknappheit. Die Ursache kann aber auch in der Infrastruktur liegen, beispielsweise war Lärm oder zu wenig Platz eine Ursache für den Beinahe-Fehler. Aber auch technische Probleme können zu unerwünschten Vorfällen führen, dazu zählen unter anderem defekte Monitore, fehlende technische Kenntnisse oder nicht verfügbare Apparate. Wenn die eigentliche Ursache in den bisher vorgegebenen Kategorien nicht zu finden war, ist die letzte Kategorie „andere Ursachen". Zu den anderen Ursachen gehören Medikamentennebenwirkung, Allergie oder falscher Patient. Zu allen Kategorien steht außerdem „Sonstige" als Antwort zur Verfügung, diese muss dann aber nicht näher erläutert werden.

8.4 Aufbau und Inhalte von CIRS im Risikomanagement der stationären Altenpflege

Selbst bei intensiver Datenrecherche und Telefonrecherche bei den örtlich ansässigen Altenheimen sind interne Fehler-Ereignis-Meldesysteme im Bereich der stationären Altenpflege noch nicht so allgegenwärtig wie in Krankenhäusern. Jedoch nimmt ihre Bedeutung auch im Risikomanagement der Pflege zu.

Deutlich macht das das Kuratorium Deutsche Altershilfe (KDA), welches über die Internetseite www.kritische-ereignisse.de ein externes, für jeden zugängliches CIRS anbietet, das dafür zuständig ist, kritische Ereignisse in der Pflege zu melden. Reagiert hat das KDA damit auf Forderungen vom Bundesministerium für Gesundheit und dem Aktionsbündnis für Patientensicherheit. Auf der Website befinden sich neben Informationen über das System und dem Berichtbogen auch alle bisher eingegangenen Berichte, nachdem sie von dem Projektteam des KDA analysiert wurden. Der Grund, warum das System für alle zugänglich ist, liegt darin, dass auch Pflegeeinrichtungen untereinander aus begangenen oder Beinahe-Fehlern lernen können. Daraus kann ein größerer Lerneffekt erzielt werden. Weiter wird eine anonyme Berichterstattung gewährleistet, da es nicht um das Verhängen von Sanktionen geht, sondern zu einer Verbesserung im Risiko- und Qualitätsmanagement führen soll (vgl. Kuratorium Deutsche Altershilfe 2012b).

Das zur Verfügung stehende Formular besteht aus zehn Fragen, deren Antwortmöglichkeiten zum Teil vorformuliert sind und zum anderen mit Freitext beantwortet werden müssen. Der Berichtsbogen beginnt mit der Frage, in welchem Arbeitsbereich das Ereignis geschehen ist. Hier sind Antwortmöglichkeiten vorgegeben. Zur Verfügung stehen z.B. die Pflege, die Hauswirtschaft oder auch Sonstige, die im nebenstehenden Feld konkretisiert werden sollen. Auch bei Frage zwei, wann das Ereignis geschehen ist, sind Antwortmöglichkeiten vorgegeben. Diese sind Früh-, Spät-, Nachtschicht oder Sonstiger Dienst. Frage drei fragt, ob das kritische Ereignis zum ersten oder wiederholten Mal aufgetreten ist. Sollte es sich um eine Wiederholung handeln, wird der Berichtende gebeten anzugeben, wie oft der Vorfall sich schon ereignet hat (vgl. Kuratorium für Altershilfe 2012a).

Auf die ersten drei Fragen folgen nun die Freitextfragen. Es beginnt mit der Beschreibung, was konkret passiert ist und zu welchen Folgen der Fehler oder das Risiko geführt hat. Darauf folgt die Frage, warum der Fehler passieren konnte. Dem Meldenden sind hier Stichpunkte vorgegeben, an denen er sich bei Bedarf orientieren kann. Außerdem wird gefragt, ob es positive Faktoren gab, die dazu beigetragen haben, dass die Folgen abgeschwächt wurden. Die nächste Frage beschäftigt sich damit, wie nach dem Geschehen mit der Situation umgegangen wurde, gemeint ist die unmittelbare Reaktion darauf. Die letzte Freitext-Frage verlangt die Information über Maßnahmen, die das Ereignis hätten verhindern können, und welche Maßnahmen eingeführt werden sollten, um das zukünftige Auftreten eines solchen Fehlers zu vermeiden (vgl. Kuratorium für Altershilfe 2012a).

Die vorletzte Frage verlangt die Angabe, um welche Vertragsform es sich handelte. Unterschieden wird zwischen der stationären Pflege, z.B. in einem klassischen Altenheim oder auch einer Spezialeinrichtung, der teilstationären Pflege, zu der Tagespflege, Nachtpflege und Kurzzeitpflege zählen, und der häuslichen Pflege, z.B. im betreuten Wohnen oder dem Sozialdienst. Die letzte Antwortmöglichkeit ist „Sonstige Versorgungsformen". Freiwillig ist die Antwort auf die letzte Frage, wer berichtet. Auch hier wird die Information über die Berufsgruppe im Bereich der Pflege verlangt, nicht der persönliche Name. Beispiele können sein: Mitarbeiter einer Pflegeeinrichtung (Pfleger/in, Hauswirtschaftler/in), Qualitätsmanagementbeauftragter, Therapeut/in oder Apotheker/in (vgl. Kuratorium für Altershilfe 2012a).

Da der Berichtsbogen für alle Pflegeeinrichtungen zugänglich ist und durch ein externes Projektteam ausgewertet wird, besteht in diesem Falle durch die Angabe der Berufsgruppe nicht die Möglichkeit, die berichtende Person durch ein Ausschlusskriterium in Erfahrung zu bringen.

8.5 Öffentliche CIRS des Gesundheitswesens in Deutschland

CIRSmedical

Das CIRSmedical ist ein öffentliches Lernsystem der deutschen Ärzteschaft. Über die Website werden die Berichte eingegeben und veröffentlicht. Veröffentlicht wird unter den Kategorien „typischer Fall", „interessanter Fall" und nach Fachgebiet. Erwünscht sind Berichte über Ereignisse, die zu einem Schaden führten, und Beinahe-Fehler, die zwar eine Gefahr darstellten, aber vorzeitig aufgedeckt und beseitigt wurden. Wie in allen bisher erwähnten Systemen, wird auch der Bericht über CIRSmedical anonym eingegeben und veröffentlicht.

Der erste Abschnitt befasst sich mit Angaben zum Patienten, soweit einer betroffen war. Im Fall der Patientenbeteiligung werden Angaben zum Alter und Geschlecht verlangt. Darauf folgt im nächsten Abschnitt die detaillierte

Beschreibung des Ereignisses. Angegeben werden soll unter anderem das zuständige Fachgebiet. Zur Auswahl stehen beispielsweise Chirurgie, Frauenheilkunde oder Psychiatrie. Die nächste Angabe betrifft den Ort des Ereignisses. Die zur Auswahl stehenden Möglichkeiten sind hier z.B. Krankenhaus oder Altenheim. Darauf folgt die Frage nach dem Kontext, in dem das Ereignis passiert ist, hat sich ein Fehler während der Diagnose, Therapie oder Organisation ereignet (vgl. CIRSmedical® o. J.)?

Die Fragen, was passiert ist, was das Ereignis war und wie man es hätte vermeiden können, sollen in eigenen Worten vom Berichterstatter beschrieben werden. Bei der Frage, ob und in welcher Form, der Patient einen Schaden davon getragen hat, sind die Antwortmöglichkeiten wieder vorformuliert. Es kann angegeben werden, dass kein Patient beteiligt war, ob er keinen, einen leichten, mittleren oder schweren Schaden erlitten hat oder ob vielleicht der Tod des Patienten verursacht wurde. Weiter wird gefragt, ob es Faktoren gab, die das Geschehen beeinflusst haben, wie z.B. die Kommunikation, die Medikation oder technische Gründe.

Der dritte Abschnitt handelt vom Berichterstatter selber, es wird ausschließlich die Angabe nach der Berufsgruppe des Berichterstatters verlangt. Danach steht diesem noch die Option offen Angaben zum System zu machen, die ihm als Kritikpunkte wichtig erscheinen (vgl. CIRSmedical® o.J.).

Fehlerberichtssystem für Hausärzte

Das Fehlerberichts- und Lernsystem für Hausärzte wird vom Institut für Allgemeinmedizin betrieben und steht im Internet für alle Mitarbeiter im Gesundheitswesen zur Verfügung. Berichtet wird hier über sechs Seiten, wobei auf den ersten beiden Seite Angaben zum Datum, Land und, falls beteiligt, zum Patient gemacht werden sollen. Eine weitere Angabe auf der ersten Seite ist, wo der Vorfall sich ereignet hat. Das kann z.B. der Hausarzt, der Notdienst oder die Apotheke sein. Darauf folgen auf der dritten Seite die Freitextfragen.

– Was ist passiert?

– Was war das Ereignis und was waren die Folgen?

– Gründe, die das Ereignis begünstigt haben;

– Verbesserungsvorschläge.

Auf der vierten Seite wird der Berichtende gebeten, Angaben zu Haupt- und Nebenfaktoren zu machen. Dabei sollte man sich auf einen Haupt- und zwei Nebenfaktoren beschränkt werden. Beispielsweise kann es sich um Probleme bezüglich der Kommunikation, der Organisation, der Ausbildung, der Ausrüstung oder der Medikation handeln. Des Weiteren wird der Berichterstatter gebeten anzugeben, wie häufig sich der Vorfall bereits ereignet hat.

Die Seiten fünf und sechs sind dem System CIRSmedical sehr ähnlich.

Es soll angegeben werden, wie schwerwiegend die Folgen des Ereignisses sind. Außerdem wird gefragt, wer genau beteiligt war: ein oder mehrere Patienten, ein oder mehrere Behandelnde? Nach der Angabe der eigenen Berufsgruppe endet der Fragebogen. Nun muss nur noch ausgewählt werden, ob der Bericht veröffentlicht oder lediglich zu Forschungszwecken verwendet werden darf.

8.6 Fehler-Ereignis-Meldesysteme in der stationären Altenpflege

Bewertung bestehender Systeme

Die bereits bestehenden Systeme in Industrie, Luftfahrt oder Gesundheitswesen haben vieles gemeinsam, unterscheiden sich aber in einigen Bereichen. Bevor Aufbau und Inhalt dieser Systeme miteinander verglichen werden, müssen zuerst die Rahmenbedingungen analysiert werden, welche vor dem Festlegen von Aufbau und Inhalt eines internen Systems konkretisiert werden müssen.

Als eine der wichtigsten Bedingungen in diesem Kontext gilt die Frage, wer berichten darf. Bei den bestehenden und im vorherigen Kapitel beschriebenen Systemen sind als Berichterstatter ausschließlich Mitarbeiter zugelassen. Gerade bei den Systemen der Luftfahrt und der Industrie ist das verständlich, da für eine ausreichende Analyse des Geschehens spezifische Angaben verlangt werden, welche ein Außenstehender nicht beurteilen könnte. Auch in den Systemen des Gesundheitswesens ist es verständlich, dass sich der Kreis der Berichterstatter auf die Mitarbeiter beschränkt. Ein Patient oder Angehöriger könnte ein solches System auch als Beschwerdestelle verstehen, was dem eigentlichen Sinn und Nutzen nicht entsprechen würde. Allerdings wird bei den einzelnen Systemen noch einmal zwischen Mitarbeiter mit direktem Patientenkontakt und Mitarbeitern ohne Patientenkontakt unterschieden. Das Pilotprojekt der Norddeutschen Kliniken beschränkt sich auf die Mitarbeiter, die sich im direkten Kontakt mit den Patienten befinden. Bei dem öffentlich zugänglichen System des Kuratoriums Deutsche Altershilfe haben auch andere Mitarbeiter die Möglichkeit, einen Vorfall zu melden. Der Vorteil, der darin bestehen könnte, ist, dass nicht ausschließlich Fälle gemeldet werden würden, die zu einem gesundheitlichen Schaden eines Patienten geführt haben, sondern beispielsweise auch Fehler im Umgang mit Hygiene, die auch einer Reinigungskraft auffallen könnten oder technische Probleme, die z.B. der Hausmeister bemerken könnte.

Die Mitarbeiter müssen aber auch ihre Scheu verlieren, sich eigene Fehler einzugestehen und diese dann zu melden. Die CIRS-Verantwortlichen müssen den Mitarbeitern durch Kommunikation, Motivation und Vertrauen vermitteln, dass eine Fehler-Meldung nicht dazu genutzt wird, um einen Schuldigen zu ermitteln und zu bestrafen, sondern um daraus zu lernen und damit Risikomanagement und Qualitätsmanagement kontinuierlich zu verbessern.

Um das zu unterstreichen, wird in allen der oben genannten Systeme den Berichterstattern Anonymität zugesichert. Es werden aber auch in allen Systemen Angaben verlangt, die die Anonymität einschränken könnten. Das System der Luftfahrt (ASRS) z.B. verlangt Name, Adresse und Telefonnummer des Meldenden, falls Fragen aufkommen sollten. Dieser Abschnitt wird später an den Meldenden zurückgeschickt. Bei dem Meldebogen der Störfallverordnung wird ebenfalls Name und Anschrift des Betreibers verlangt. Im Gesundheitswesen gilt, je größer die Institution, desto eher kann Anonymität gewährleistet werden. Bei kleineren Institutionen wird diese jedoch durch die Angaben „Wer berichtet" und „Wann ist das Ereignis geschehen" eingeschränkt. Zwar wird als Angabe bei der Frage nach dem Berichterstatter der Name nicht verlangt, sondern die Berufsgruppe, jedoch lässt sich aufgrund dessen die Person im Ausschlussverfahren ermitteln. Hat ein Krankenhaus z.B. zwei Hausmeister, lässt sich, je nachdem wer zu diesem Zeitpunkt Schicht hatte, die Person genau benennen.

Das Konzept des Kantonsspitals St. Gallen versucht das durch verschiedene Meldekreise zu vermeiden. Als Angabe wird hier nur der jeweilige Meldekreis, nicht aber die Berufsgruppe verlangt. Das System des Kuratoriums Deutsche Altershilfe versteht die Angabe „wer" als freiwillig. Bei den öffentlichen Systemen im Gesundheitswesen würde aber auch nach Eingabe der Berufsgruppe eine Anonymität gewährleistet sein, da es sich um eine öffentliche Plattform handelt, die von mehreren Institutionen und Personen genutzt wird.

Auch die Frage, wie berichtet werden soll, zählt zu den Rahmenbedingungen. Hier unterscheiden sich die Systeme. Die ASRS stellt das Formular im Internet zur Verfügung und verlangt eine Überbringung auf dem Postweg. Ähnlich ist es bei Meldungen nach Störfallverordnung. Üblich ist hier die Meldung in schriftlicher Form, entweder per Post oder per E-Mail. Eine Wahlmöglichkeit steht auch den Berichterstattern der norddeutschen Kinderkliniken zu, hier kann eine Meldung sowohl schriftlich, als auch auf elektronischem Wege ausgefüllt werden. Das Kantonsspital St. Gallen, sowie die öffentlichen Systeme stellen die Berichte online zur Verfügung, wo sie dann ausgefüllt und abgeschickt werden können.

Am sinnvollsten ist wahrscheinlich, angelehnt an das Projekt der norddeutschen Kliniken, ein internes Meldesystem, das die Kombination aus schriftlicher und elektronischer Meldung beinhaltet, denn nicht jeder Mitarbeiter hat direkten Zugang zu einem Computer. Durch Zeitverzug gerät die Meldung eventuell in Vergessenheit.

Folglich sollte entschieden werden, ob Fehler oder Beinahe-Fehler gemeldet werden sollen oder ob man sich für eine Kombination beider Möglichkeiten entscheidet. Das einzige System, das ausschließlich Beinahe-Fehler verlangt, ist das System des Kantonsspitals St. Gallen. Die anderen Institutionen wünschen beide Arten von Fehlern, denn aus Fehlern kann gelernt und eine Wiederholung vermieden werden. Es kann aber auch eine Schwachstelle erkannt und beseitigt werden (Beinahe-Fehler). Eine Ausnahme bildet in diesem Bereich noch das System der ASRS. Die NASA bittet die Meldenden, keine Unfälle oder kriminellen Ereignisse zu melden. Grund dafür ist die Haftungsfrage im Falle eines Prozesses. Die Fehlermeldung könnte dann mit einem Schuldeingeständnis gleichgestellt werden. Die Mehrzahl der bestehenden Systeme zeigt, dass der größtmögliche Nutzen aus einer Kombination aus Fehler-Ereignis-Meldesystem und Beinahe-Fehler-Ereignis-Meldesystem gezogen wird.

Die öffentlichen Systeme publizieren auf den Internetseiten, wo die Berichtsbögen zur Verfügung stehen, auch die ausgewerteten und bereits analysierten Fälle. CIRSmedical unterteilt bei der Veröffentlichung zusätzlich in Fachgebiete. Auch die internen Systeme der Krankenhäuser veröffentlichen die Berichte für alle Mitarbeiter. Ausgewertet werden die Berichte einerseits von Institutionen und andererseits von CIRS-Verantwortlichen. Bei einem internen Berichtssystem ist es unvermeidlich, dass es ein Projektteam oder zumindest eine angemessene Anzahl an Verantwortlichen gibt, die die Berichte analysieren. Gleichzeitig stellen diese Personen die Ansprechpartner für die Mitarbeiter dar. Obwohl die Fälle für alle zugänglich veröffentlicht werden, könnten regelmäßige Treffen hilfreich sein, um besonders interessante und schwere Fälle vorzustellen.

Die letzte Frage, die jetzt noch offen bleibt, ist, ob sich eine stationäre Pflegeeinrichtung für ein bereits bestehendes, in diesem Fall das System des Kuratoriums Deutsche Altershilfe, oder ein internes System entscheiden sollte. Der Vorteil bei öffentlichen Systemen ist der, dass ein institutionsübergreifendes Lernen gewährleistet wird. So muss ein Fehler nicht erst in jeder einzelnen Institution geschehen, bevor die Schwachstelle beseitigt wird. Da aber jede Institution eigene Strukturen aufweist, ist ein internes Fehler-Ereignis-Meldesystem wahrscheinlich von größtem Nutzen. Zusätzlich sollten Mitarbeiter motiviert werden, auch die öffentlichen Systeme zu nutzen, genauso wie die CIRS-Verantwortlichen auf diese zurückgreifen sollten. Interessante Fehler, deren Auftreten auch in der eigenen Organisation für möglich gehalten wird, kann man so direkt vermeiden.

Die Rahmenstruktur des Aufbaus ist bei den analysierten Systemen sehr ähnlich. Die Berichtbögen beginnen grundsätzlich mit allgemeinen Angaben, das können Angaben zur meldenden und/oder betroffenen Person, Ort und Zeit sein, je nach System werden hier mehr oder weniger spezifische Angaben verlangt. Auf die allgemeinen Angaben folgt die Beschreibung des Ereignisses, dazu zählen die Umstände und Ursachen, unter denen das Ereignis auftrat. Zu der Beschreibung gehört auch oftmals eine Einschätzung des (gesundheitlichen) Schadens, dazu gehören auch Angaben zu eventuell getroffenen Maßnahmen. Am Ende wird immer um Verbesserungsvorschläge der berichtenden Person gebeten.

Trotz ähnlicher Rahmenstruktur unterscheiden die Systeme, wenn es darum geht, Antwortmöglichkeiten abzugeben. Nach dem Bogen der Störfallverordnung gibt es zu jeder Kategorie diverse Unterpunkte. Dabei sind jedoch die Antwortmöglichkeiten oder zumindest die verlangten Angaben als Stichpunkte bereits vorgegeben. Um Antworten in eigenen Worten zu formulieren, ist oftmals nicht ausreichend Platz vorhanden. Der Berichtsbogen ist mit elf Seiten und sieben Kategorien sehr detailliiert, aber auch zeitaufwendig. Eine ähnliche Detailstruktur findet sich auch beim Berichtsbogen der ASRS wieder, zwar besteht dieser nur aus drei Seiten, allerdings sind auch hier im Bereich der ersten vier Abschnitte alle Antwortmöglichkeiten vorformuliert. Es besteht nicht einmal die Kategorie „Sonstige", eine Tatsache, die den Berichterstatter einschränken kann. Allerdings sind hier für die Beschreibung der Situation anderthalb Seiten vorgesehen, was einem die Möglichkeit gibt, zu beschreiben, was man auf der ersten Seite nicht auswählen konnte, weil es nicht vorgegeben war. Positiv sind neben dem Platz, der für die Beschreibung vorgesehen ist, auch die Stichpunkte, die dem Berichterstatter als Hilfsmittel zur Verfügung gestellt werden.

Was den detaillierten Aufbau betrifft, lässt sich auch der CIRS Berichtsbogen der norddeutschen Kinderkliniken mit denen aus Industrie und Luftfahrt vergleichen. Von neun Fragen insgesamt sind bei sechs die Antwortmöglichkeiten bereits vorformuliert, ohne die Möglichkeit einer „Sonstigen" Antwort, die von dem Vorgegeben abweichen würde. Mit zwei Seiten ist der Berichtsbogen aber kurz und schnell auszufüllen. Noch weniger aufwändig ist das Ausfüllen des Berichtsbogens des Kantonsspitals St. Gallen, welcher lediglich eine Seite umfasst. Jedoch sind auch hier, von geforderten neun Angaben, nur drei mit den eigenen Worten des Berichterstatters zu beschreiben. Zwar besteht im Vergleich zu dem Berichtsbogen der norddeutschen Kliniken unter der Kategorie „Ursache" immer auch die Antwortmöglichkeit „Andere", jedoch ist kein Platz für eine Beschreibung dieser „anderen Antwort" vorgesehen.

Auch der öffentliche Berichtsbogen CIRSmedical ist kurz gehalten. Die zum Ereignis geforderten Angaben sind mit eigenen Worten zu beantworten und unter den Antworten zu den Faktoren ist auch die Möglichkeit einer „Sonstigen Antwort" gegeben, allerdings besteht hier, nach Anwählen dieser Antwort, sogar die Möglichkeit, diese zu benennen. Diese Wahl hat der Berichterstatter auch mit Ausfüllen des Berichtsbogens des Kuratoriums Deutsche Altershilfe. Dieser stellt mit zehn Fragen ebenfalls sehr wenig Aufwand dar, wobei fünf dieser Fragen, die sich alle auf das Ereignis beziehen, mit eigenen Worten beschrieben werden sollen.

Sowohl der Inhalt des Berichtsbogens der NASA, als auch der der Industrie lässt sich als außenstehende Person schwer beurteilen, da fachspezifische Angaben verlangt werden, die auch nicht auf eine Institution des Gesundheitswesens projiziert werden können. Der Berichtsbogen der Luftfahrt verlangt z. B. Angaben zum Luftraum oder zum Funkkontakt. Der Berichtsbogen nach Störfallverordnung benötigt als Angabe die genaue Bezeichnung der einzelnen Stoffe sowie eine sehr detaillierte Beschreibung der Art und des Umfangs der Schäden, unter anderem der Einschätzung der Kosten.

Aus diesen Gründen sind im Zusammenhang mit dem Inhalt die aktuell beschriebenen Berichtsbögen im Gesundheitswesen genauer zu betrachten. Der

Inhalt des Systems, welches aus dem Pilotprojekt der norddeutschen Kinderkliniken hervorgegangen ist, beginnt mit den Fragen, wer berichtet und wer betroffen ist. Darauf folgt die Beschreibung des Ereignisses. Als Angaben werden verlangt, was passiert ist und wie man die Folgen einschätzt sowie wo, wann und wobei das Ereignis passiert ist. Frage sieben bezieht sich auf den Auslöser des Ereignisses, worauf die Ursachenangabe folgt und die Frage, wie das Geschehene hätte verhindert werden können. Das Verhältnis zwischen der Beschreibung des Ereignisses und der Verbesserungsmaßnahmen sowie der Angabe der Gründe ist unausgewogen. Für den Freitext zu den Angaben, was passiert ist und wie man es vermeiden könnte, stehen dem Berichterstatter nicht einmal drei Zeilen zur Verfügung. Die Frage nach dem Warum, mit Angabe der einzelnen Gründe als Antwort-Wahl-Verfahren, beansprucht alleine 2/3 der zweiten Seite. Zudem wird primär nach Ursachen in der Kommunikation gesucht, z.B. nach Gründen in der Kommunikation innerhalb des Behandlungsteams oder zwischen zwei Behandlungsteams oder mit den Eltern. Die Gründe in der Kommunikation werden ergänzt durch persönliche oder organisatorische Gründe, welche aber nur einen kleinen Teil ausmachen. Vorgegebene Antwortmöglichkeiten führen zwar zu einer einfacheren Auswertung und Analyse des Vorfalls, schränken gleichzeitig aber auch den Berichterstatter ein und führen eventuell zu falschen Angaben, wenn das Gewünschte nicht zur Verfügung steht.

Frage sieben, „Wer oder was hat den Vorfall hauptsächlich ausgelöst?", ist als eine Art Schuldzuweisung zu verstehen, was aber nicht die Absicht eines solchen Systems ist. Durch die Angaben, wer berichtet und wo und wann der Vorfall stattfand, ist eine Gefährdung der Anonymität zu befürchten, da sich eine Eingrenzung der Personen vornehmen lässt. Der Berichtsbogen endet mit dem Punkt Verbesserungsvorschläge, jedoch werden auch hier, ähnlich wie in Frage acht, ausschließlich Maßnahmen, die die Kommunikation betreffen könnten, bedacht.

Der Bogen des Kantonsspitals St. Gallen beginnt mit einer kurzen Definition, was als Zwischenfall gemeldet werden soll. Dies ist in diesem Zusammenhang sinnvoll, weil sich das System auf Beinahe-Fehler beschränkt, die einen Patienten zwar in Gefahr bringen, ihn aber nicht gesundheitlich schädigen. Die Anonymität wird dadurch gewahrt, dass nur nach dem Meldekreis des Berichterstatters gefragt wird. Das Ereignis soll mit eigenen Worten beschrieben werden, wie auch die Maßnahmen, die zukünftig zur Vermeidung getroffen werden können. Zudem wird vom Berichterstatter verlangt, eine Einschätzung des Schweregrades vorzunehmen. Da es sich aber nur um Beinahe-Schäden handeln kann, bezieht sich die Angabe darauf, wie schwer die Folgen bei einem Eintreten hätten sein können. Bei der Einschätzung der Ursachen sind, wie auch beim CIRS der norddeutschen Kinderkliniken, die vorformulierten Antwortmöglichkeiten und eine daraus resultierende Einschränkung, auffällig. Anders sind hier aber mehrere Alternativen neben der Kommunikation gegeben. Dazu zählen menschliche, technische oder organisatorische Fehler, Gründe in der Kommunikation oder Infrastruktur oder auch Sonstige. Auch wenn diese Frage Faktoren betrifft, die das Ereignis begünstigt oder herbeigeführt haben, ist sie weniger als Schuldzuweisung zu betrachten als Frage sieben des Pilotprojekts, weil nicht nach einer Person, wenn auch nur Berufsgruppe, sondern nach einem Faktor gefragt wird. Die Personenangabe wird hier durch einen Meldekreis ersetzt und auf die Frage nach dem Zeitpunkt wird gänzlich verzichtet.

Da die Berichtsbögen des KDA und CIRSmedical öffentliche sind, sind sie hinsichtlich des Inhaltes in manchen Punkten aus einem anderen Blickwinkel zu analysieren. Der Berichtsbogen des KDA beginnt mit der Angabe des Arbeitsbereiches und der Zeit. Der Arbeitsbereich schließt auch Personen ein, die nicht im direkten Patientenkontakt tätig sind, sondern im Sozialdienst, der Hauswirtschaft oder einer anderen Tätigkeit im Bereich der Pflege. Als Zeit wird die Angabe der Schicht verlangt sowie eine erweiterte Angabe, falls der Vorfall sich z.B. an einem Feiertag ereignete. Da es ein öffentliches System ist, welches mehrere Institutionen mit einschließt, wird die Anonymität durch diese Angaben nicht gefährdet. Die Angabe der Zeit gibt dafür anderen Personen die Möglichkeit, die Gegebenheiten während des Vorfalls besser einzuschätzen, da je nach Schicht andere Anforderungen bestehen können. Als erster Berichtsbogen fragt das KDA danach, wie häufig dieses Ereignis schon aufgetreten ist. Ein vermehrtes Auftreten führt zwar zu der Frage, warum das Ereignis nicht schon früher gemeldet wurde, weist aber zugleich auch auf ein hohes, aber verstecktes Risiko hin, wenn es bereits zu einer Wiederholung, ohne Lerneffekt und Verbesserungsmaßnahmen geführt hat.

Anschließend folgt die Beschreibung des Ereignisses mit den bekannten Fragen was passiert ist, wie damit umgegangen wurde und wie man das Geschehene hätte vermeiden können. Erstmals wird die Beschreibung des Ereignisses aber durch eine weitere Angabe ergänzt. So wird der Berichterstatter gefragt, ob es positive Faktoren in diesem Zusammenhang gab, die eventuell Schlimmeres verhindert haben.

Zudem wird nach der Vertragsform gefragt, da es im Bereich der Pflege verschiedene Formen gibt und eine Angabe Aufschluss über die äußerlichen Bedingungen geben kann, da jeder Bereich teilweise auch andere Aufgaben mit sich bringt. Die letzte Angabe, nämlich die Frage, wer berichtet, ist hier freiwillig, obwohl sie das nicht sein müsste. Durch die Gegebenheit, dass es sich um ein öffentliches System handelt, besteht durch die Angabe nicht die Möglichkeit, die Person zu ermitteln, erst recht nicht, da die Institution der Person unbekannt bleibt. Die Freiwilligkeit dieser Angabe unterstreicht einzig die Anonymität, für die Fehler-Ereignis-Meldesysteme stehen.

Auch CIRSmedical ist ein öffentliches System für alle Institutionen des Gesundheitswesens. Der Berichtsbogen beginnt mit den Angaben über den Patienten, falls einer betroffen war. Danach folgt eine Beschreibung des Ereignisses, welche unter den bekannten Angaben wo, was und warum es passiert ist und wie man es hätte vermeiden können, notiert wird. Da die Berichte später in Kategorien unterteilt werden, wird zusätzlich noch die Angabe des jeweiligen Fachgebietes verlangt. CIRSmedical fordert weiter, wie auch das KDA, die Angabe der Häufigkeit. Fraglich ist aber auch hier, was mit dieser Angabe bezweckt werden soll. Schließlich wird der Berichterstatter gebeten, den Patientenschaden einzuschätzen sowie die dazu beigetragenen Faktoren zu benennen. Der Berichterstatter wird auch in diesem Falle zur Angabe seiner Berufsgruppe gebeten. Da aber auch dieses System öffentlich zugänglich ist, gefährdet die Angabe die Anonymität nicht. Der Berichterstatter wird zuletzt aufgefordert, Bemerkungen oder auch Auffälligkeiten zu diesem Formular den Verantwortlichen mitzuteilen. Diesen Punkt hat es zuvor in noch keinem beschrieben Formular gegeben und er würde Platz bieten, den Verantwortlichen positive oder negative Kritikpunkte mitzuteilen. Ein häufiger Kritikpunkt könnte ein Anhaltspunkt dafür sein, dass man eventuell etwas überarbeiten muss.

Zusammenfassend lässt sich feststellen, dass die Angaben, die inhaltlich in den Bögen verlangt werden, grundsätzlich sehr ähnlich sind, sich dann aber im Detail oftmals unterscheiden. Eine typische inhaltliche Angabe ist die, wer berichtet. Üblich ist die Angabe der Berufsgruppe, welche wieder differenzierter angegeben werden kann, je nachdem welcher Mitarbeiter berechtigt ist, einen Fehler zu melden. Andere Möglichkeiten sind die Angabe eines Meldekreises oder das Angebot, diese Angabe als freiwillig zu klassifizieren, um die Anonymität zu gewährleisten. Es folgt immer eine Beschreibung des Ereignisses: Was ist wie und warum passiert und wie hätte man es vermeiden können? Unterschiedlich ist immer die Anzahl der vorformulierten Antworten oder auch der Platz, der einem zur Beantwortung dieser Frage zur Verfügung gestellt wird.

Eine Zeitangabe und eine Angabe darüber, wobei der Vorfall sich ereignet hat (Diagnostik/Therapie), wird nicht in allen Berichtsbögen verlangt, genauso wie die Angabe der Häufigkeit oder positiver Faktoren. Problematisch werden Angaben, wenn sich der Personenkreis so weit einschränken lässt, dass es sich nicht mehr um eine anonyme Meldung handelt, oder bei ausschließlich vorformulierten Antwortmöglichkeiten. Diese vereinfachen zwar die Analyse, schränken aber auch den Berichterstatter ein und tragen dazu bei, dass Schwachstellen nicht aufgedeckt werden können, weil die Möglichkeit der Angabe nicht bestand. Oftmals fehlt aber nicht nur die gewünschte Antwortmöglichkeit, sondern auch zusätzlicher Platz, um eine bereits gewählte Ursache genauer zu erläutern.

8.7 Aufbau und Inhalt eines Fehler-Ereignis-Meldesystems der stationären Altenpflege

Ein internes, nicht institutionsübergreifendes Fehler-Ereignis-Meldesystem sollte, wie für Systeme dieser Art üblich, freiwillig und anonym sein. Wünschenswert ist sowohl das Melden von Fehlern als auch von Beinahe-Fehlern. Dadurch besteht zum einen die Möglichkeit, eine Wiederholung zu vermeiden, zum anderen kann man Schwachstellen präventiv beseitigen. Der Berichtsbogen sollte für alle Mitarbeiter der Einrichtung in gleichem Maße zugänglich sein, das Melden ist in schriftlicher und elektronischer Form möglich. Verantwortlich sollte ein Projektteam sein, welches die Einführung des Systems betreut und später als Ansprechpartner für die Mitarbeiter, die Auswertung sowie für die Analyse der Berichtsbögen zuständig ist.

Bei regelmäßigen Treffen werden die Berichtsbögen von den Verantwortlichen analysiert und daraufhin für alle Mitarbeiter im gleichen Maße zugänglich veröffentlicht. Die Mitarbeiter sollten motiviert werden, das interne System zu nutzen und gleichzeitig öffentliche Systeme aufzusuchen und zu nutzen, damit auch ein institutionsübergreifender Lerneffekt entsteht. Das Projektteam sollte zusätzliche Schulungen bzw. Meetings einführen, bei denen die internen Fälle und ausgesuchte externe Fälle einer öffentlichen Plattform vorgestellt werden.

Es folgt nun ein exemplarischer Aufbau eines Fehler-Ereignis-Meldesystems, das den oben genannten Rahmenbedingungen entspricht.

Der Aufbau gliedert sich in drei Abschnitte: die allgemeinen Angaben, die Beschreibung des Ereignisses und die Maßnahmen, um ein zukünftiges Auftreten zu vermeiden.

Im ersten Abschnitt, den allgemeinen Angaben, wird als erste Information erfragt, in welchem Bereich das kritische Ereignis auftrat. Mögliche Bereiche sind Pflege, medizinische Behandlung, Hauswirtschaft, Verwaltung oder Sonstige. Wählt der Berichterstatter die Antwort „Sonstige", wird um eine genauere Bestimmung dieses Bereiches gebeten. Als weitere Information folgt die Angabe, ob ein Patient/Bewohner betroffen war oder nicht. Sollte die Antwort „Nein" lauten, sollte der Berichterstatter, soweit möglich, definieren, was denn betroffen war (z.B. Hygiene). Handelt es sich um eine Fehler-Meldung ist mit dem dafür vorgesehenen Unterpunkt fortzufahren, handelt es sich um eine Beinahe-Fehler-Meldung, geht es weiter mit einem anderen Bereich. In beiden Fällen ist der Schweregrad einzuschätzen. Leicht bedeutet, dass keine Maßnahmen nötig waren/nötig gewesen wären, mittel bedeutet, dass die Notwendigkeit einer Therapie bestand/Notwendigkeit einer Therapie bestanden hätte, und schwer bedeutet letztendlich, dass es sich um einen lebensbedrohlichen Zwischenfall handelte/ein lebensbedrohlicher Zwischenfall hätte eintreten können. Als letzte Information ist im Abschnitt der allgemeinen Angaben anzugeben, wie häufig das Ereignis bereits aufgetreten ist. Sollte es sich um eine Wiederholung handeln, ist die genaue Anzahl an Wiederholungen zu nennen.

Der zweite Abschnitt besteht ausschließlich aus Fragen zum Ereignis, die alle mit eigenen Worten des Berichterstatters beantwortet werden sollen. Die erste benötigte Information basiert auf der Angabe, was genau passiert ist und was die konkreten Folgen waren. Die nächste Frage ist: Warum ist das Ereignis aufgetreten? Der Berichterstatter wird dazu aufgefordert, folgende Faktoren bei Beantwortung dieser Frage zu bedenken:

– menschliche Fehler;

– Gründe in der Kommunikation;

– Gründe in der Organisation;

– Gründe in der Infrastruktur;

– technische Probleme.

Er hat aber auch die Möglichkeit, diese Faktoren durch weitere zu ergänzen und detaillierter zu beschreiben. Die zwei letzten verlangten Informationen in diesem Abschnitt sind, welche Faktoren dazu beigetragen haben, dass ein Beinahe-Fehler vermieden wurde oder welche positiven Maßnahmen während eines Ereignisses ergriffen wurden. Die positiven Maßnahmen stellen die Reaktionen der Mitarbeiter dar und können natürlich auch als negative Maßnahmen, die zu einer Verschlechterung der Situation geführt haben, gesehen werden.

Der dritte und letzte Abschnitt betrifft die zukünftige Beseitigung der Fehler und der Risikofaktoren. Die einzige Frage zu diesem Abschnitt lautet: Welche Maßnahmen können für eine zukünftige Vermeidung getroffen werden?/ Was sind ihre Verbesserungsvorschläge? Diese Verbesserungsvorschläge für eine zukünftige Vermeidung können aus den Reaktionen während des Ereignisses abgeleitet werden. Positive Maßnahmen können übernommen, negative Maßnahmen können in positive umgewandelt werden.

Die letzte Angabe, unabhängig von den Abschnitten, ist die Bemerkung des Berichterstatters über den Berichtsbogen. Positive und negative Kritik sollte unter diesem Punkt neutral zum Ausdruck gebracht werden, denn dann kann auch ein Lerneffekt für dieses System entstehen. Vielleicht fallen mit der Zeit einige Veränderungen an, je nachdem, wie häufig ein Kritikpunkt auftaucht.

Dieses exemplarische System verlangt weder die Angabe „wer berichtet", noch, wann sich der Vorfall ereignet hat. Das sind für die Absicht eines Fehler-Ereignis-Meldesystems irrelevante Angaben. Wichtig ist nur, dass jeder Mitarbeiter die Möglichkeit hat, einen Vorfall zu melden. Da sich Vorfälle in allen Bereichen einer Institution ereignen können, ist die Angabe, wo sich der Vorfall ereignet hat, wichtig für eine erste Einschätzung. Auf die Antwortmöglichkeit „Sonstige" sollte nicht verzichtet werden, da ansonsten die Möglichkeit besteht, dass die Angabe weggelassen oder etwas Falsches angekreuzt wird. Ebenfalls für eine Ersteinschätzung wichtig ist, ob ein Patient/Bewohner betroffen war, und wenn nicht, ob man eine Alternative angeben kann. Wenn ein Patient/Bewohner betroffen oder beinahe betroffen war, erhält ein Außenstehender einen besseren Überblick, wenn zusätzlich die Möglichkeit besteht, den Schaden einzugrenzen. Da es sich sowohl um ein Fehler-Ereignis-Meldesystem, als auch ein Beinahe-Fehler-Meldesystem handelt, wird differenziert zwischen tatsächlich eingetretenen Folgen - oder wie der Berichterstatter die Folgen einschätzten würde.

Nach mehrfacher Überlegung wurde auch die Frage nach der Häufigkeit des Auftretens des Fehlers im Berichtsbogen bedacht. Wichtig ist, dass der Berichterstatter diese Frage ehrlich beantwortet, denn dann kann sie sehr aufschlussreich sein. Wird angegeben, dass es sich bei diesem Ereignis um eine Wiederholung handelt, ergeben sich folgende Optionen:

- Der Fehler wurde zuvor nicht gemeldet, was ein Zeichen dafür sein könnte, dass einige Mitarbeiter dem System nicht vertrauen und sich weiterhin scheuen, ein Ereignis zu melden.

- Es besteht die Möglichkeit, dass das Risiko, welches zu diesem Ereignis (auch zuvor) geführt hat, nicht richtig analysiert wurde und deswegen die Maßnahmen zur Vermeidung nicht richtig greifen.

- Ebenfalls möglich ist, dass die letzte Meldung gar nicht beachtet wurde und es zu keiner Analyse kam. Dies wiese auf Schwachstellen im System hin.

Zur Beschreibung des Ereignisses wurden die typischen Fragewörter genutzt, was und warum es passiert ist. Um den Berichterstatter zu unterstützten, wurden einige beispielhafte Faktoren zur Beantwortung der Frage des Warums angegeben. Es wird aber auch nach der unmittelbaren Reaktionen der Mitarbeiter gefragt. Diese Reaktionen können sowohl positiv als auch negativ getroffene Maßnahmen sein. Daraus lassen sich letztendlich die Maßnahmen ableiten, wie man nach Ansicht des Berichterstatters eine zukünftige Wiederholung vermeiden könnte.

Für eine ausreichende Analyse ist es wichtig, diese Antworten in eigenen Worten zu formulieren, um einen möglichst detaillierten Überblick über die Situation zu haben. Obwohl der Berichtsbogen verhältnismäßig schnell zu beantworten ist, ist er mit drei Seiten sehr lang. Der Grund dafür ist der Platz, der für die Antworten zur Beschreibung des Ereignisses zur Verfügung gestellt werden soll.

Entwicklungsbedarf

Es kann nicht „das eine Fehler-Ereignis-Meldesystem" geben, nicht für Institutionen des Gesundheitswesens und erst recht kein einheitlichen System, welches in jedem Unternehmen eigesetzt werden kann. Jede Institution und jedes Unternehmen hat eigene Strukturen, auf die ein internes Fehler-Ereignis-Meldesystem angepasst werden muss. Jedoch gibt es vor allem bei den Berichtsbögen des Gesundheitswesens noch Entwicklungsbedarf, der sich aus den übergeordneten Zielen eines Fehler-Ereignis-Meldesystems ergibt. Ein Fehler-Ereignis-Meldesystem steht für das freiwillige und anonyme Melden von Vorfällen, die zu einem Schaden führten, oder Beinahe-Fehlern, die zu einem Schaden hätten führen können. Ziel ist es, durch eine Ursachen-Wirkung-Analyse Optionen und Maßnahmen für das Risikomanagement zu entwickeln. Dabei sollte die Suche nach einem Schuldigen vermieden werden. Auf Fragen nach einer gezielten Person, die als Ursache für den Vorfall gilt, sollte verzichtet werden.

Um die Anonymität zu gewährleisten, ist es wichtig, dass jede Institution für sich analysiert, durch welche Angaben diese Anonymität gefährdet sein könnte. Gefährdet bedeutet, dass sich durch verschiedene Angaben der Personenkreis soweit einschränken lässt, dass man die Person eventuell bestimmen könnte. Wichtig ist zu Beginn, mithilfe der allgemeinen Angaben dem Leser einen ersten Überblick zu verschaffen und eine Möglichkeit zu eröffnen, die Situation vorab einzuschätzen. Es sollten aber nicht zu viele Daten verlangt werden, da für eine Analyse das Zusammenspiel von Ursache und Wirkung besonders wichtig ist. Einen ersten Überblick schaffen Angaben wie:

– Bereich, in dem sich der Vorfall ereignet hat;

– War bei dem Vorfall ein Patient beteiligt/betroffen?

– Wie werden die Folgen eingeschätzt?

Während der Beschreibung des Ereignisses sollte versucht werden, den Berichterstatter zu unterstützten. Möglich ist das z. B. durch die Angabe von Stichpunkten. Gleichzeitig sollte es aber vermieden werden, den Berichterstatter in seiner Meldung und Ausführlichkeit einzuschränken oder in eine Richtung zu leiten. Das geschieht durch die Anwendung eines Multiple-Choice-Verfahrens, bei dem die Antwortmöglichkeiten alle vorgegeben sind. Hier besteht die Gefahr, dass eine vom Berichterstatter gewünschte Antwort nicht zur Verfügung steht und man entweder keine Angabe erhält oder eine falsche Angabe gemacht wird. Keine Angabe macht eine Ursachenanalyse unmöglich, eine falsche Angabe zerstört das Zusammenspiel zwischen Ursache und Wirkung und verfälscht das Ergebnis. Entscheidet man sich trotzdem, die Ursachen durch Antwort-Wahl-Verfahren zu ermitteln, sollte man dem Berichterstatter Platz geben, um die gewählte Ursache zu beschreiben. Zusätzlich sollte dann darauf hingewiesen werden, dass auch Mehrfachnennungen möglich sind.

Dem Berichterstatter sollte möglichst viel Freiraum gelassen werden. Dazu zählt auch, dass die Verantwortlichen, welche den Berichtsbogen erstellen, sich nicht zu sehr auf eine Ursache beschränken. Exemplarisch dafür steht der Berichtsbogen der norddeutschen Kinderkliniken. Hier wird die Ursache fast ausschließlich im Bereich der Kommunikation gesucht. Auch bei den Maßnahmen zur Vermeidung einer Wiederholung wird nach „Verbesserungsvorschlägen zur Kommunikation" gesucht.

Fehler-Ereignis-Meldesysteme sollten zwar kurz sein, aber auch detailliert genug, um einen größtmöglichen Nutzen zu garantieren. Darüber hinaus besteht Entwicklungsbedarf im Bereich Kritik. Viele Systeme sind trotz Probephase ausbaufähig, Probleme, aber auch positive Faktoren können vor allem einem Berichterstatter auffallen. Deswegen sollte ein Abschnitt zur Verfügung stehen, unter dem dieser die Möglichkeit hat, sowohl positive als auch negative Faktoren zu äußern. Außerdem sollte jedem Bericht eine Definition mit kurzer Erklärung des Systems und dessen Absichten vorweggehen. Vielleicht vergeht zwischen der Einführung und dem ersten Bericht einer Person eine gewisse Zeit, dann kann diese Einleitung hilfreich sein.

Checkliste

Diese Checkliste kann während der Probephase genutzt werden, um den Verlauf und die Ergebnisse zu dokumentieren. Hilfreich ist dieses Dokument bei der Überarbeitung und Erstellung des endgültigen Berichtsbogens. Es ersetzt aber keine Analyse der Unternehmensstruktur, welche zuvor durchgeführt werden sollte. Der Berichtsbogen für die Probephase entsteht auf Basis dieser Erstanalyse.

War die Anonymität gefährdet?
Bestand die Möglichkeit eine meldende/schuldige Person zu ermitteln?
Ist eine Ursache besonders häufig aufgetreten?
Welche Ursachen wurden unter dem Punkte „Sonstige" hinzugefügt?
Reicht der Platz zur Beantwortung der Fragen?
Welche Kritikpunkte wurden vonseiten der Berichterstatter genannt?
Bestehen Probleme/gibt es Auffälligkeiten seitens der Verantwortlichen?

Tabelle 3: Checkliste zur Einführung eines Fehler-Ereignis-Meldesystems. (Quelle: eigene Überlegung)

8.8 Fazit zu den verfügbaren CIRS

Nach der Analyse der bestehenden Systeme lässt sich feststellen, dass sich interne Fehler-Ereignis-Meldesysteme in stationären Pflegeeinrichtungen noch nicht etabliert haben. Anhand der bestehenden Systeme sollten Meldesysteme für diesen Bereich des Gesundheitswesens entwickelt werden.

Fehler-Ereignis-Meldesysteme aus anderen Bereichen, wie z.B. der Industrie oder der Luftfahrt, die im Rahmen dieser Arbeit analysiert wurden, bieten hinsichtlich des Inhalts keine Basis für ein Fehler-Ereignis-Meldesystem der stationären Altenpflege. Es werden sehr spezifische Angaben verlangt, die mit dem Gesundheitswesen nicht zu vergleichen sind. Bezogen auf den Aufbau ist eine Betrachtung der Systeme dennoch hilfreich.

Auch wenn sich Fehler-Ereignis-Meldesysteme seit Jahren vermehrt im Risikomanagement der Krankenhäuser etablieren, besteht weiter Entwicklungsbedarf. Die Systeme stehen für einen Lerneffekt, den auch das System selber immer wieder durchlaufen sollte. Problematisch wird es bei der Differenzierung zwischen öffentlichen und internen Systemen, wobei die Frage gestellt werden sollte: Kann das Nutzen eines öffentlichen Systems einen Erfolg für die Institution garantieren? Die Antwort auf diese Frage lautet: Nein. Ein öffentliches System kann ein internes Meldesystem nicht ersetzen, aber dennoch ergänzen. So entsteht nicht nur ein interner, sondern ein institutionsübergreifender Lerneffekt.

Das einzige verfügbare Fehler-Ereignis-Meldesystem für den Bereich der stationären Altenpflege ist der Berichtsbogen des Kuratoriums Deutsche Altershilfe. Doch auch Pflegeeinrichtungen unterliegen einer kodifizierten Qualitätsverpflichtung, mit dem Ziel einer kontinuierlichen Verbesserung der Prozesse. Zu einem Qualitätsmanagementsystem gehört immer ein Risikomanagementansatz, in dessen Rahmen Risiken und Schwachstellen erkannt, analysiert und Maßnahmen zur Vermeidung erstellt werden sollen. Dabei ist ein Fehler-Ereignis-Meldesystem ein hilfreiches Instrument. Die Einrichtungen sollten den Nutzen dieser Systeme erkennen und zusätzlich zu dem System des Kuratoriums Deutsche Altershilfe ein internes Berichtssystem einführen. Zu beachten ist dabei immer, dass es sich um ein freiwilliges und anonymes System handeln sollte und es ist nicht dessen Absicht, einen Schuldigen zu finden, um Sanktionen zu verhängen. Priorität hat die Analyse des Zusammenspiels von Ursache und Wirkung und die daraus zu treffenden Maßnahmen, um einen solchen Vorfall in Zukunft zu vermeiden.

Kapitel 9 // **Implementierungsstrategien von CIRS**

9.1 Grundvoraussetzungen zur Implementierung eines CIRS

Um ein Critical Incident Reporting System erfolgreich in eine Organisation einzuführen, müssen folgende Grundvoraussetzungen und Rahmenbedingungen definiert und schriftlich fixiert werden, um die Zusammenarbeit zwischen der Führungsebene und den Mitarbeitern zu erleichtern (vgl. Aktionsbündnis Patientensicherheit 2007):

1. Einverständnis und Unterstützung der Unternehmensleitung: Die Implementierung eines CIRS liegt immer in der Hand der obersten Führungsebene (Top-Down-Approach). Falls diese dem nicht zustimmt, kann kein CIRS in einem Unternehmen eingeführt werden (vgl. Wolter 2009). „Die Geschäftsleitung muss die Meldung von Beinahe-Ereignissen als strategisches Unternehmensziel erklären" (Gurcke 2008, S. 166).

2. Freiwilligkeit: Man kann keinen Mitarbeiter dazu zwingen, unerwünschte Ereignisse zu melden. Die Meldung in einem CIRS muss immer freiwillig sein (vgl. Wolter 2009). „Eine Verpflichtung wirkt sich negativ auf die Motivation aus" (Aktionsbündnis Patientensicherheit 2007, S. 14).

3. Gewährleistung der Anonymität: Es muss gewährleistet werden, dass die Berichte anonymisiert werden (vgl. Wolter 2009). „Es werden keinerlei personenbezogene Daten im Rahmen des Berichts abgefragt oder gespeichert" (Aktionsbündnis Patientensicherheit 2007, S. 14). In kleinen Institutionen kann die Anonymität aufgrund geringer personeller Ressourcen gefährdet werden.

4. Klare Definition des Meldeinhaltes: Bei der Einführung eines CIRS muss festgelegt werden, welche Inhalte und Ereignisse gemeldet werden sollen. Es

kann zwischen Ereignissen ohne und mit Patientenschaden differenziert werden. Häufig werden aber die Ereignisse gemeldet, die zu einem Schaden hätten führen können. Wenn in einem CIRS Ereignisse mit einem eingetretenen Schaden gemeldet werden, muss eine Haftpflichtversicherung oder ein Justiziariat gewährleistet sein (vgl. Wolter 2009).

5. Klare Aufbau- und Ablaufstrukturen: Es müssen vorab die Organisation und alle verantwortlichen Mitarbeiter sowie deren Zuständigkeiten und Kommunikationswege festgelegt werden (vgl. Wolter 2009). Die oberste Leitung ernennt einen oder mehrere Mitarbeiter, der oder die für die gesamte Einführung und Auswertung des CIRS verantwortlich ist bzw. sind.

6. Sanktionsfreiheit: Alle Mitarbeiter dürfen und können nicht für ihre freiwilligen Meldungen bestraft werden. Daher sollte die Führungsebene eine Grundsatzerklärung abgeben, sodass die Mitarbeiter keine „arbeitsrechtlichen Konsequenzen" zu befürchten haben (Wolter 2009, S. 103). Alle Mitarbeiter müssen das Vertrauen bekommen, dass alle Berichte anonym sind. Falls das Vertrauen nicht vorhanden ist, werden die Mitarbeiter auch keine Vorfälle berichten.

7. Analyse der Ursachen: Die Ursachenanalyse ist ein wichtiges Instrument des CIRS, durch das die Mitarbeiter aus den Fehlern anderer lernen können. Die Berichte werden durch CIRS-Verantwortliche analysiert und ausgewertet (vgl. Wolter 2009).

8. Keine Schuldzuweisungen: Das Begehen eines Fehlers wird häufig mit Schuldzuweisungen gleichgestellt. Anstatt die Ursachen eines Fehlers zu analysieren, wird oft versucht, einen Schuldigen zu finden. Schuldzuweisungen führen allerdings nicht zu einer Lösung des Problems, sondern verhindern eine „konstruktive Fehleranalyse" (Wolter 2009, S. 103). Alle Mitarbeiter müssen akzeptieren, dass Fehler überall vorkommen und jedem passieren können. Nur mit diesem Gedanken kann ein offener Umgang mit Fehlern und Beinahe-Schäden entstehen (vgl. Köbberling und Bernges 2007).

9.2 Die Implementierung eines „klinischen" Risikomanagementsystems

Das Critical Incident Reporting System ist ein Instrument des klinischen Risikomanagements und dient der Fehleranalyse und Fehleridentifikation. Um ein Fehler-Ereignis-Meldesystem in einer stationären Altenpflegeeinrichtung zu implementieren, ist es notwendig, dass eine solche Einrichtung auch über ein klinisches Risikomanagement verfügt. Ein Critical Incident Reporting System kann nur funktionieren, wenn es in das bereits bestehende Risikomanagementsystem integriert wird. Ein CIRS ohne Qualitäts- und Risikomanagement ist nutzlos (vgl. Kahla-Witzsch und Platzer 2007).

Am Anfang eines solchen Implementierungsprozesses beschließt die Leitung die Einführung eines klinischen Risikomanagementsystems (Top-Down-Entscheidung). Die Leitung der Einrichtung muss außerdem eine Risikostrategie festlegen, welche die Basis für die Implementierung darstellt. Eine Risikostrategie könnte beispielsweise sein, dass die Sicherheitskultur innerhalb der Einrichtung gefördert oder die Patientensicherheit gesteigert wird. Des Weiteren muss die Unternehmensleitung alle erforderlichen Ressourcen zur Verfügung stellen, beispielsweise genügend Personal, das die Berichte auswertet, dazu ausreichende finanzielle Mittel und eine technische Ausrüstung (vgl. Kahla-Witzsch und Platzer 2007).

Im zweiten Schritt werden die organisatorischen Rahmenbedingungen geschaffen. Die Unternehmensleitung ernennt die für das Risikomanagement verantwortlichen Mitarbeiter. Es wird bzw. werden - je nach Größe der Gesundheitseinrichtung – ein Risikobeauftragter bzw. mehrere Risikobeauftragte ernannt. Des Weiteren muss ein Projektplan geschaffen werden, der eine Ressourcen- und Zeitplanung umfassen sollte. Die Zeitplanung des gesamten Projektes ist ein wichtiger Schritt, da Projekte mit klar definierten Projektabschnitten und einem definierten Endpunkt erfolgreicher sind. So können sich alle Mitarbeiter einen Überblick über die verschiedenen Phasen verschaffen. Die Ressourcenplanung ist erforderlich, um zu Beginn der Einführung alle benötigten finanziellen Mittel sicherzustellen. Darunter werden zum einen Personalkosten für den oder die Risikobeauftragten gefasst und zum anderen die benötigten Schulungskosten, um alle Mitarbeiter zu informieren. Des Weiteren müssen finanzielle Mittel für die Software und für technische Ausstattung vorhanden sein (vgl. Kahla-Witzsch und Platzer 2007).

Im dritten Schritt müssen alle Mitarbeiter über die Projektplanung und die Zielsetzung informiert werden, da Risikomanagement alle Ebenen und Abteilungen betrifft. Wichtig ist hierbei, dass die Mitarbeiter regelmäßig Informationen über eingeleitete Maßnahmen bekommen, sodass ihr Risikobewusstsein innerhalb des Unternehmens gesteigert wird. Die verantwortlichen Mitarbeiter für das Risikomanagement müssen allen übrigen Mitarbeitern in der Informationsveranstaltung vorgestellt werden, sodass sie bei Fragen und Anregungen einen direkten Ansprechpartner haben (vgl. Kahla-Witzsch und Platzer 2007).

„Nachdem die Mitarbeiter über das Risikomanagement informiert wurden, kann mit der Risikoinventur und -analyse begonnen werden" (Kahla-Witzsch und Platzer 2007, S. 62). Es soll zunächst der Ist-Zustand der Risikosituation untersucht werden, um daraus Maßnahmen entwickeln zu können. Es werden u. a. Zuständigkeiten, Verantwortlichkeiten, die Kommunikation der Mitarbeiter und die Koordination der Abläufe erfasst. Bei der Risikoanalyse sollen Fehler und Verbesserungsmöglichkeiten innerhalb der Organisation ermittelt werden. In diesem Schritt werden Instrumente der Risikoinventur und Risikoanalyse eingeführt, beispielsweise das CIRS oder das Beschwerdemanagement. Wie ein solches System in einer Einrichtung implementiert wird, wird in den nächsten Unterpunkten ausführlich erläutert. Des Weiteren sollen alle Schadensfälle aus den vergangenen Jahren und die daraus resultierenden Verbesserungsmaßnahmen untersucht werden, ob diese auch tatsächlich wirksam waren. Abschließend wird ein Risikobericht erstellt (vgl. Kahla-Witzsch und Platzer 2007).

„Der Risikobericht bildet die Grundlage für die sich anschließende Risikobewertung und Festlegung von Maßnahmen zur Risikosteuerung" (Kahla-Witzsch und Platzer 2007, S. 63). In der sechsten Phase der Risikosteuerung werden die Maßnahmen eingeleitet und durch das Risikomanagement-Team koordiniert. Die eingeleiteten Maßnahmen werden anschließend hinsichtlich ihrer Effektivität und Wirksamkeit überwacht und überprüft. „Risikomanagement ist ein unendlicher Prozess", der kontinuierlich aufrechterhalten und verbessert werden muss (Kahla-Witzsch und Platzer 2007, S. 64). Durch neue Prozesse oder Standards kann sich die Vorgehensweise ständig verändern, sodass diese erneut zu Fehlern führen können. Dadurch müssen die Mitarbeiter kontinuierlich informiert und geschult werden, sodass ihr Risikobewusstsein gefördert wird (vgl. Kahla-Witzsch und Platzer 2007).

9.3 Die Handlungsempfehlung des Aktionsbündnisses Patientensicherheit

Das Aktionsbündnis Patientensicherheit e. V. wurde im Jahre 2005 gegründet, um den Krankenhäusern eine Handlungsempfehlung zur Einführung und Umsetzung eines Critical Incident Reporting System zu geben. Die folgenden sieben Implementierungsschritte dienen als Checkliste und sollen die Planung und Einführung eines CIRS erleichtern. Es wird empfohlen, in einem Krankenhaus zuerst innerhalb einer Abteilung zu beginnen und die Einführung in der Organisation schrittweise zu vergrößern (vgl. Aktionsbündnis Patientensicherheit 2006). Häufig beginnen Krankenhäuser die Einführung eines CIRS mit einem Pilotprojekt, sodass ein solches System in seiner Vorgehensweise getestet werden kann (vgl. Aktionsbündnis Patientensicherheit 2007). In Kapitel 9.5 wird dann diskutiert, wie und ob dies auf Altenhilfeeinrichtungen übertragbar ist.

1. Phase: Entscheidungsphase

Die Einführung eines CIRS im Krankenhaus beginnt immer mit der Entscheidungsphase und liegt in der Verantwortung der obersten Krankenhausleitung (Top-Down-Entscheidung). Bevor man sich jedoch für die Implementierung eines Fehler-Ereignis-Meldesystems entscheidet, müssen zuerst die internen und auch externen Anforderungen analysiert werden (vgl. Aktionsbündnis Patientensicherheit 2006). An erster Stelle müssen die Stärken und Schwächen eines CIRS analysiert und geprüft werden. Ein CIRS wird immer über einen langfristigen Zeitraum eingeführt und dient der kontinuierlichen Verbesserung. Alle Mitarbeiter auf allen Ebenen werden eingebunden. Es können alle tatsächlichen Risiken erkannt werden. Die Mitarbeiter können durch die methodische und strukturierte Behebung der Berichte aus Fehlern anderer lernen. Die Schwäche eines CIRS ist jedoch, dass die Einführung und auch die ständige Verbesserung und Überwachung ein sehr aufwendiger Prozess ist (vgl. Korff 2009). Des Weiteren muss überprüft werden, ob ein CIRS überhaupt in die vorhandenen Strukturen des Krankenhauses integriert werden kann. Es ist wichtig, dass eine schriftliche Vereinbarung getroffen wird, wie ein CIRS eingeführt werden soll. Darin wird beispielsweise geregelt, was das CIRS ist, welche Ziele erfüllt werden und welchen Nutzen das CIRS haben soll. Die oberste Leitung muss sich Informationen über die gesetzlichen Rahmenbedingungen einholen. „Aus haftungsrechtlicher Sicht ist die Erfassung von Beinahefehlern unproblematisch, da es (...) zu keiner Schädigung des Patienten gekommen ist: so bleibt beispielsweise eine Medikamentenverwechslung, die vor der Einnahme des Medikamentes entdeckt wird, straf- und zivilrechtlich ohne Sanktionen" (Kahla-Witzsch 2005, S. 93).

In der Entscheidungsphase müssen außerdem Grundsätze zur Implementierung beschlossen werden. Wenn diese erfüllt sind, kann das Pilotprojekt zur Einführung eines CIRS beginnen. Der erste Grundsatz ist, dass der Zweck eines CIRS in der „Verbesserung der Patientensicherheit durch Lernen aus Fehlern" besteht (Herold et al. 2012, S. 10). Außerdem müssen alle Berichte anonym bleiben, sodass niemand sanktioniert werden kann. Sobald ein Ergebnisbericht vorliegt, muss in kurzer Zeit eine „Rückmeldung mit Vereinbarungen zur Prozessänderung" erfolgen, da die Meldung eines kritischen Ereignisses sonst wirkungslos wäre (Herold et al. 2012, S. 10).

Sobald die Voraussetzungen und Anforderungen von der obersten Unternehmensleitung analysiert wurden, werden erste Abteilungen für das Pilotprojekt ausgewählt, in denen das CIRS getestet wird (vgl. Aktionsbündnis Patientensicherheit 2006).

2. Phase: Planungsphase

In der Planungsphase wird der Projektplan für die Implementierung eines CIRS erstellt. Es wird festgelegt, wie das Berichtsverfahren abläuft (siehe dazu auch Kapitel 3.3.1 und 3.3.2). Wird ein internes oder externes CIRS eingeführt? Werden die Ereignisse in digitaler oder schriftlicher Form erfasst? Des Weiteren wird der Berichtsbogen mit Fragen und Freitexten erstellt. Wichtig ist hierbei, dass vorher definiert wird, welche Ereignisse im CIRS berichtet werden sollen. Es muss zwischen Beinahe-Fehlern, die zu einem Schaden hätten führen können, und Fehlern differenziert werden, die schon zu einem Schaden geführt haben. In einem Fehler-Ereignis-Meldesystem werden jedoch nur die Beinahe-Fehler und kritische Ereignisse erfasst. Falls sich die Einrichtung für eine digitale Erfassung der Berichte entscheidet, muss die dafür zuständige Software beschafft werden. Sind alle formellen Unterlagen geklärt, wird ein verantwortlicher Mitarbeiter ausgewählt, der sich um den Aufbau, Ablauf und die Auswertung kümmert und für alle Mitarbeiter Ansprechpartner rund um das CIRS ist. Er kann entweder aus dem pflegerischen oder ärztlichen Beruf kommen, da dort über praktische Erfahrungen im medizinischen Bereich verfügt wird (vgl. Aktionsbündnis Patientensicherheit 2006). Die Unternehmensleitung muss eine Entscheidung über die Aufbaustruktur terffen. Wird eine zentrale oder dezentrale Stelle geschaffen? Der CIRS-Beauftragte ist zuständig für die Auswertung der Berichte und für die monatlichen Auswertungsrunden, an denen die Mitarbeiter freiwillig teilnehmen können. Er muss die Berichtsinhalte wie Patientendaten, Name des Mitarbeiters und Ort des Geschehens anonymisieren, die Ursachen für die Beinahe-Fehler analysieren und daraufhin Verbesserungsmöglichkeiten vorschlagen (vgl. Herold et al. 2012).

Ein weiterer Schritt ist es, alle Mitarbeiter sowie die Führungskräfte über die Einführung eines Fehler-Ereignis-Meldesystems zu informieren. Es muss ein Workflow erstellt werden, in dem alle Verantwortlichen und Informationswege zwischen den Beteiligten festgelegt werden. Um alle Mitarbeiter über die Vorgehensweise eines CIRS zu informieren, sind Schulungen notwendig. Diese müssen inhaltlich geplant und organisiert werden (vgl. Aktionsbündnis Patientensicherheit 2006).

3. Phase: CIRS-Einführung

In der dritten Implementierungsphase wird das CIRS im Unternehmen eingeführt. Es findet eine Informationsveranstaltung für alle Mitarbeiter und Führungskräfte statt, in der die Möglichkeiten, Vorteile und Funktionsweise des CIRS erläutert werden. Wichtig ist hierbei, den Mitarbeitern zu vermitteln, dass ein solches Fehler-Ereignis-Meldesystem freiwillig und anonym bleibt, sodass niemand für Fehler bestraft werden kann. Es werden praxisbezogene Beispiele erläutert, sodass den Mitarbeitern ein erster Einblick über die systematische Erfassung der Berichte gegeben wird. Bevor jedoch das CIRS eingeführt wird, müssen zum einen Schulungen für alle Mitarbeiter stattfinden, in denen sie praktisch den Umgang mit einem CIRS erlernen. Zum anderen bedarf es der Schulungen für die Auswertungsteams, in denen der Umgang mit den Ergebnisberichten gelehrt wird. In der Anfangsphase wird das Pilotprojekt kontinuierlich überwacht, um Änderungen und Verbesserungen frühzeitig vornehmen zu können (vgl. Aktionsbündnis Patientensicherheit 2006).

4. Phase: Umsetzung von Evaluation und Auswertung

In der vierten Phase wird die Risikoanalyse und -bewertung durchgeführt. Dieser Schritt ist Bestandteil des klinischen Risikomanagements. Es werden die Ergebnisberichte ausgewertet und analysiert, sodass eine Ursachenanalyse durchgeführt werden kann. Die CIRS-Beauftragten müssen regelmäßig Auswertungen für die Geschäftsführung durchführen, um den Nutzen eines CIRS deutlich herauszustellen. Bei der Risikobewertung wird die Eintrittswahrscheinlichkeit und Schadenshöhe eines Fehlers und Beinahe-Fehlers bewertet. Die einzelnen Risiken und Vorfälle können somit von den Beauftragten in Parameter und Kategorien wie beispielsweise Großrisiko, mittleres Risiko und Kleinrisiko eingeteilt werden. Möglicherweise kann auch eine externe Beratung herangezogen werden (vgl. Aktionsbündnis Patientensicherheit 2007).

5. Phase: Organisation von Verbesserungsmaßnahmen im Risikomanagement

In der fünften Implementierungsphase werden Korrektur- und Verbesserungsvorschläge festgelegt und anschließend umgesetzt. Es können konkrete Handlungsfelder auf Basis der Risikoanalyse und -bewertung identifiziert werden. Folglich können gezielt einzelne Prozesse angepasst und optimiert werden. Des Weiteren muss die enge Zusammenarbeit zwischen allen beteiligten Organisationseinheiten sichergestellt werden, damit alle Einheiten übergreifend miteinander arbeiten können (vgl. Aktionsbündnis Patientensicherheit 2006).

6. Phase: Umgang mit Rückmeldungen

In Phase sechs werden die Auswertungsberichte erstellt. Alle eingegangenen Meldungen und Berichte werden zeitnah ausgewertet. Wichtig ist hierbei, dass die Mitarbeiter regelmäßig über die CIRS-Berichte und deren Bewertung informiert werden. Des Weiteren müssen zeitnahe Rückmeldungen z.B. über die Anzahl der eingegangenen Meldungen und umgesetzten Maßnahmen gewährleistet werden, um die Transparenz zu sichern. Bei den Auswertungsberichten ist es wichtig, dass sie übersichtlich und für alle gut lesbar sind (vgl. Aktionsbündnis Patientensicherheit 2006).

7. Phase: Evaluierung der ersten Erfahrungen mit CIRS

In der letzten Phase werden die Ergebnisse berichtet und evaluiert. Ist das Resultat der Pilotphase zufriedenstellend? Welche Maßnahmen haben funktioniert, welche nicht? Die oberste Leitung wird von den CIRS-Beauftragten über die bisherigen positiven und negativen Erfahrungen informiert. Positive Erfahrungen können sein, dass die Häufigkeit der kritischen Ereignisse reduziert werden konnte oder die Motivation und Meldebereitschaft der Mitarbeiter, aktiv an einem Verbesserungsprozess teilzunehmen, gestiegen ist (vgl. Aktionsbündnis Patientensicherheit 2006). Negative Erfahrungen sind z. B. das Durchbrechen der Anonymität oder die zu geringe Teilnahme der Mitarbeiter an der Berichtserfassung (vgl. Korff 2009). Durch die Evaluierung der ersten Erfahrungen von den Mitarbeitern kann das Verfahren angepasst und verbessert werden. Falls das Pilotprojekt nur in einer einzelnen Abteilung getestet wurde, können bei Bedarf weitere Abteilungen ausgewählt werden, in denen ein CIRS implementiert wird. Die Erweiterung soll sich je nach Größe der Einrichtung an den vorhandenen Ressourcenkapazitäten ausrichten.

Betrachtet man die einzelnen Schritte zur Einführung eines klinischen Risikomanagementsystems, so wird deutlich, dass die ersten Schritte bis zur Einführung der Instrumente der Risikoanalyse mit den Handlungsempfehlungen des Aktionsbündnisses Patientensicherheit identisch sind. Dies zeigt, dass eine Einführung eines CIRS der Implementierung eines klinischen Risikomanagementsystems methodisch ähnelt. Abschließend lässt sich zusammenfassen, dass das CIRS lediglich ein Instrument zur Risikoidentifizierung ist und daraufhin weitere Schritte auf der Grundlage des Risikomanagementprozesses folgen müssen.

9.4 Beispiel: Die Einführung eines CIRS im Krankenhaus

Die 4-Schritt-Methode wurde im Jahre 2006 an der Medizinischen Hochschule Hannover von Frau María Ines Cartes veröffentlicht. Die beschriebene Handlungsempfehlung des Aktionsbündnisses Patientensicherheit basiert auf dieser 4-Schritt-Methode. In Abbildung 15 werden die vier Schritte grafisch dargestellt. Hierbei ist zu erwähnen, dass nur die Ergänzungen zu den Handlungsempfehlungen erläutert werden. Diese Schritte können in Analogie für die Einführung eines solchen Systems in der Altenpflege nachverfolgt werden.

1. CIRS-Entscheidung: Der erste Schritt ähnelt der Entscheidungsphase des Aktionsbündnisses Patientensicherheit. Wie bereits erwähnt, müssen zunächst die Stärken und Schwächen sowie die Anforderungen eines Krankenhauses analysiert und berücksichtigt werden. Des Weiteren ist die Implementierung eine Führungsaufgabe und muss von der obersten Leitung beschlossen werden (vgl. Cartes 2008).

2. CIRS-Vorbereitung: Im zweiten Schritt wird die Implementierung vorbereitet. Diese Phase ähnelt auch der Planungsphase des Aktionsbündnisses Patientensicherheit. Eine Ergänzung ist hierbei, dass der Zweck der Implementierung definiert und schriftlich fixiert werden soll. Beispiele für den Zweck wären

zunächst die Veränderung der Kommunikationskultur innerhalb der Einrichtung oder die Erfüllung der gesetzlichen Vorgaben (vgl. Cartes 2006). Wie bereits erwähnt, werden die Position des Risikomanagement-Verantwortlichen und Grundsätze zum Mitarbeiterschutz festgelegt. Eine weitere Ergänzung ist, dass langfristige Implementierungsziele mit der Leitung und – falls vorhanden – mit dem Betriebsrat vereinbart werden. Ein langfristiges Implementierungsziel könnte sein, die durch die Behandlung auftretenden Komplikationen deutlich zu verringern oder die Patienten- und Mitarbeiterzufriedenheit zu steigern (vgl. Cartes 2008).

3. CIRS-Planung: Die dritte Phase ähnelt ebenfalls der Planungsphase des Aktionsbündnisses Patientensicherheit. Es werden die Grundsätze und Rahmenbedingungen definiert. Eine Ergänzung zu den Handlungsempfehlungen ist, dass eine Software zur Berichtserfassung und -analyse ausgewählt wird. Diese kann beispielsweise das Programm „riskop" sein. Außerdem wird das standardisierte Verfahren der Meldungen definiert. Des Weiteren wird die Aufbaustruktur festgelegt. Es kann zwischen einer zentralen und dezentralen Stelle unterschieden werden. Die zentrale Stelle ist für die gesamte Einrichtung zuständig, während die dezentralen Stellen für jede Abteilung festgelegt werden. In kleineren Institutionen kann es möglich sein, dass nur eine zentrale Stelle belegt wird. Die jeweiligen Stellen haben die Aufgabe, die horizontale sowie vertikale Kommunikation und Information innerhalb der Einrichtung zu ermöglichen, alle Meldungen zu anonymisieren, übergreifende Maßnahmen einzuleiten und zu koordinieren und das Lernpotenzial der gesamten Einrichtung zur Verfügung zu stellen (vgl. Cartes 2008).

Eine weitere Ergänzung in der CIRS-Planung ist das standardisierte Verfahren für die Implementierung und Etablierung in den einzelnen Abteilungen. In der Implementierungsphase werden die Voraussetzungen vorbereitet und geschaffen, um das 3BE-System einzuführen. 3BE bedeutet Berichts-, Bearbeitungs- und Behebungs-System für Beinahe-Zwischenfälle. Im ersten Schritt wird der Bedarf auf Basis des Risikopotenzials zur Einführung eines solchen Systems festgestellt. Der Abteilungsleiter wird über das gesamte Verfahren informiert, sodass die Entscheidungen gemeinsam getroffen und Ziele definiert werden. Im Anschluss daran sollte ein Risikomanagement-Team je Abteilung gebildet werden, das interdisziplinär und hierarchieübergreifend zusammenarbeitet. Für die Verantwortlichen finden Schulungen statt, um sie auf das 3BE-System vorzubereiten und ihre Aufgaben zu definieren. In der Etablierungsphase wird das

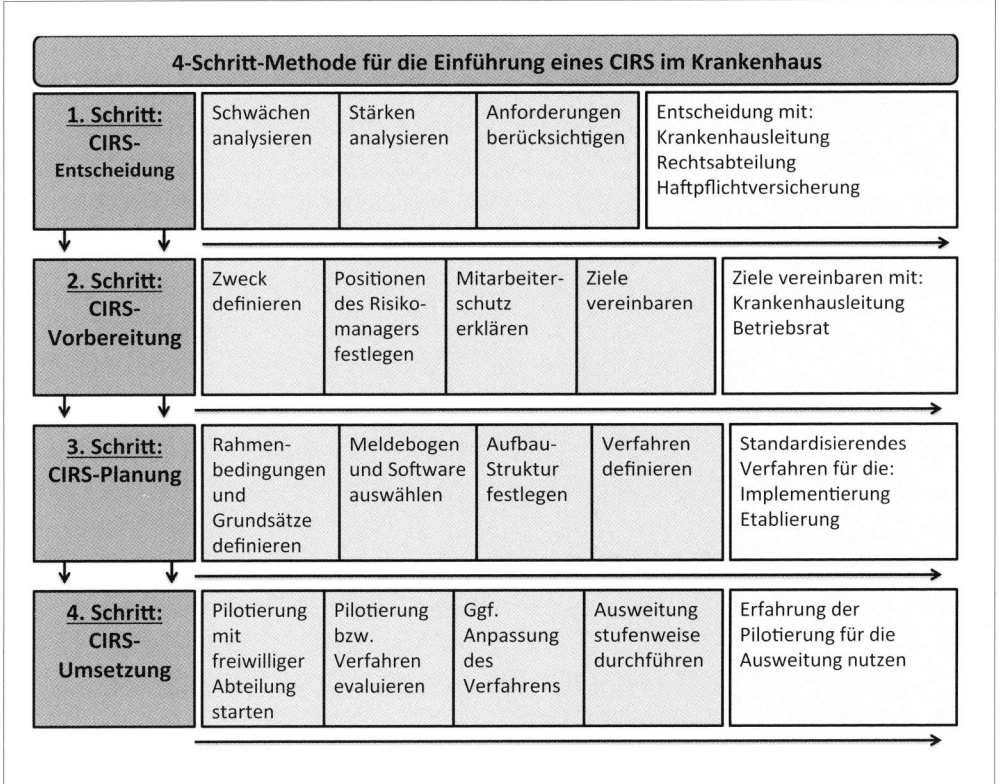

Abbildung 15: 4-Schritt-Methode zur Einführung von CIRS im Krankenhaus   (Quelle: In Anlehnung an Cartes (2008), S. 13)

System in der jeweiligen Abteilung eingeführt. Den Mitarbeitern wird ein Meldungs-Workflow vorgestellt, der die Arbeitsschritte und Zuständigkeiten grafisch darstellen soll. Die Phase der Etablierung zeichnet sich besonders durch die intensive Betreuung der Abteilungsmitarbeiter und des Risikomanagement-Teams aus. Zu Beginn der Etablierung des CIRS können gegebenenfalls Prozesse angepasst und optimiert werden (vgl. Cartes 2008).

4. CIRS-Umsetzung: In der letzten Phase wird das CIRS implementiert. Dieser Schritt fasst die vierte bis siebte Phase des Aktionsbündnisses Patientensicherheit zusammen. Das Pilotprojekt wird häufig in einer Abteilung getestet. Anschließend werden jeweils die Schwachstellen und Stärken des Projektes analysiert und daraufhin Maßnahmen festgelegt. Regelmäßig werden CIRS-Berichte und Auswertungen erstellt, die den Risikomanagement-Teams, Abteilungsleitern und der obersten Leitung zur Verfügung gestellt werden und als

Entscheidungsgrundlage dienen sollen. Danach werden weitere Abteilungen festgelegt, in denen das Fehler-Ereignis-Meldesystem eingeführt werden soll. Die Erfahrungen der Pilotierung können für die Ausweitung auf die anderen Abteilungen genutzt werden (vgl. Cartes 2008).

Die 4-Schritt-Methode ähnelt den Handlungsempfehlungen des Aktionsbündnisses Patientensicherheit in vielen Punkten. Beide Methoden beinhalten die gleichen Kriterien und Voraussetzungen in der Entscheidungsphase. Vor der Implementierung in einer Einrichtung muss zunächst überprüft werden, ob ein CIRS überhaupt in die vorhandenen Strukturen integriert werden kann. Die zweite und dritte Phase der 4-Schritt-Methode werden im zweiten Implementierungsschritt des Aktionsbündnisses Patientensicherheit zusammengefasst. Es wird der Projektplan zur Implementierung erstellt. Die Phasen vier bis sieben der Handlungsempfehlung werden in der 4-Schritt-Methode erneut in einem Schritt zusammengefasst. Daher ist die 4-Schritt-Methode zur Einführung von CIRS im Krankenhaus oder in einer anderen Gesundheitseinrichtung teilweise sehr oberflächlich und nicht detailliert verfasst. Was deutlich wird, ist, dass man in der Handlungsempfehlung die Verbindung zum Risikomanagementprozess erkennen kann, während in der 4-Schritt-Methode das Risikomanagement in dem Maße nicht erfasst wird.

Zusammenfassend lässt sich jedoch ableiten, dass sowohl die Handlungsempfehlung als auch die 4-Schritt-Methode die Implementierung eines Fehler-Ereignis-Meldesystems erfolgreich in einer Einrichtung einleiten können.

9.5 Diskussion über die Implementierung eines CIRS in der Altenpflege

Eine stationäre Altenpflegeeinrichtung verfügt über andere Strukturen als ein Krankenhaus oder eine Klinik. Während die Patienten in einem Krankenhaus meist nur wenige Tage aufgrund einer Erkrankung verweilen, werden die Bewohner in einem Pflegeheim häufig über einen längeren Zeitraum, meist auch bis zum Lebensende ganzheitlich pflegerisch betreut. Die Mitarbeiter sind dort nicht nur für die Pflege verantwortlich, sondern für die gesamte Alltagsgestaltung der Bewohner (vgl. Klie et al. 2006). Krankenhäuser sind mit durchschnittlich 300 Patientenzimmern deutlich größer als eine Pflegeeinrichtung mit meist unter 100 Betten. Daher ist die durchschnittliche Zahl der Mitarbeiter in einem Pflegeheim eindeutig geringer. Es wird jedoch deutlich, dass das Pflegepersonal in den Jahren 1999 bis 2009 um 45,4 % gestiegen ist, während das Pflegepersonal im Krankenhaus im gleichen Zeitraum einen leichten Rückgang zu verzeichnen hatte. Die Altenpflege und Altenpflegehilfe hat an quantitativer Bedeutung erheblich zugenommen (vgl. Simon 2012).

Falls sich die Heimleitung für die Implementierung eines CIRS entscheidet, können die Handlungsempfehlungen des Aktionsbündnisses Patientensicherheit und die 4-Schritt-Methode teilweise übertragen werden. Die Einführung liegt auch hier in der Verantwortung der obersten Leitung. Je nach Größe der Einrichtung ist es sinnvoll, das Pilotprojekt im gesamten Pflegeheim einzuführen, da in einer Abteilung die Anzahl der Berichte möglicherweise zu gering sein könnte und dies demotivierend auf die Mitarbeiter sowie Verantwortlichen wirkt. Falls die Pflegeeinrichtung bisher kein klinisches Risikomanagement eingerichtet hat, ist dies notwendig, um die durch das CIRS identifizierten Risiken anschließend zu bewerten, zu steuern und zu überprüfen.

Bei einer Implementierung eines Fehler-Ereignis-Meldesystems in einer stationären Altenpflegeeinrichtung darf die oberste Leitung jedoch den zusätzlichen Aufwand nicht unterschätzen. Daher muss die Heimleitung bereits zu Beginn Vor- und Nachteile einer Implementierung darlegen. Vorteile können sein, dass zum einen durch den demografischen Wandel bedingt und aufgrund des höheren Bedarfs an Pflegebedürftigkeit die Behandlungsqualität und Patientensicherheit kontinuierlich gesteigert werden können. Zum anderen können Komplikationen und schwere Folgeschäden durch Behandlungsfehler vermieden werden, da geringe und auch hohe Risiken durch die Mitarbeiter identifiziert und verringert werden können. Ein Nachteil wäre jedoch, dass zusätzliche finanzielle, personelle und technische Ressourcen bereitgestellt werden müssen. Vor allem für kleinere Einrichtungen ist es oftmals schwierig, zusätzliche finanzielle Mittel und zusätzliches Personal zu beschaffen.

In der Planungsphase müssen die verantwortlichen Mitarbeiter und deren Zuständigkeiten schriftlich erfasst werden. Da in einer stationären Altenpflege möglicherweise weniger kritische Ereignisse und Beinahe-Schäden berichtet werden als in einem Krankenhaus, ist es sinnvoll, entweder eine leitende und erfahrende Pflegekraft als verantwortlich für das Fehler-Ereignis-Meldesystem zu ernennen (0,5 VK), welche sich zudem auch um die vollstationäre Pflege der Heimbewohner kümmern kann, oder eine Vollkraft einzustellen, die für das gesamte Risikomanagement in der Pflegeeinrichtung zuständig ist. In einem Pilotprojekt kann jedoch getestet werden, welche Stelle benötigt wird oder ob sogar ein Auswertungsteam mit bis zu vier Mitarbeitern notwendig ist. Dies ist jedoch von der Anzahl der Meldungen und der Höhe des Risikopotenzials abhängig. Falls ein Pflegeheim zusammen mit einem Krankenhaus eine gleiche Trägerschaft hat, kann ein übergreifendes und interdisziplinäres Risikomanagement-Team eingerichtet werden, um gemeinsame Ressourcen verwenden zu können. Dies gilt ebenfalls für mehrere Pflege- und Altenheime, die unter einer Trägerschaft geleitet werden.

Meiner Meinung nach ist es sinnvoll, bereits zu Beginn des Implementierungsprozesses eine Vollkraft als verantwortlich einzustellen. In den kommenden Jahren wird der Bedarf an einer vollstationären Pflege weiter ansteigen, sodass ein gut funktionierendes und etabliertes Qualitäts- und Risikomanagement unverzichtbar ist. Daher ist es wichtig, bereits früh genug mit der Implementierung zu beginnen, sodass sich das CIRS in den kommenden Jahren in der stationären Altenpflegeeinrichtung etablieren kann. Der tatsächliche Bedarf an personellen Ressourcen ermittelt sich jedoch möglicherweise erst im Laufe der Implementierung und Etablierung.

Des Weiteren muss das Berichtsverfahren durch die Heimleitung definiert werden. Zu empfehlen ist, dass ein freiwilliges und kein verpflichtendes System eingeführt wird. Durch den zeitlichen und informellen Wandel rückt das digitale Format immer mehr in den Vordergrund. Daher ist es sinnvoll, in der Pflegeeinrichtung ein digitales Berichtssystem einzuführen. Problematisch wird es dabei jedoch, wenn der Technische Dienst oder die Reinigungskraft Mängel an medizinischen Geräten feststellt und möglicherweise keinen direkten Zugang zu einem Computer hat. Aus diesem Grund könnten auch Berichtsformulare in Papierform bereitgestellt werden, um den Mitarbeitern die Möglichkeit zu geben, kritische Ereignisse ohne PC-Zugang zu berichten. Dies wäre ein wichtiger Schritt, um alle Mitarbeiter zu motivieren, ihre Zwischenfälle zu melden. Die Heimleitung muss außerdem den Inhalt des Meldebogens festlegen. Was jedoch beachtet werden muss, ist, dass die Anonymität der Mitarbeiter durch zu speziellen Fragen nicht gefährdet werden darf. In kleinen Einrichtungen sollte daher entweder ganz auf die Fragen Wo, Wer und Wann verzichtet werden oder alternativ könnten die Antwortmöglichkeiten verallgemeinert werden. So könnte die Frage Wer beispielsweise auf Pflege, Sozialdienst und Hauswirtschaft oder die Frage Wann auf tagsüber und nachts ausgeweitet werden. Häufig gibt es in einem Pflegeheim nur ein bis zwei Reinigungskräfte oder Hausmeister, die bei der Frage Wer direkt identifiziert werden können.

Wäre eine dieser Fragen verpflichtend, würde sich dies negativ auf die Meldebereitschaft auswirken. Daher sollten diese Fragen freiwillig bleiben.

Die Implementierung eines CIRS kann ohne Weiteres anhand bestehender Methoden durchgeführt werden. Es ist jedoch zu beachten, dass ein Pflegeheim kleiner ist und andere Strukturen aufweist als ein Krankenhaus. Der zusätzliche Aufwand und die geringen personellen Ressourcen sind möglicherweise die Gründe, weshalb bisher kein internes Fehler-Ereignis-Meldesystem in einer Pflegeeinrichtung implementiert wurde. Bisher existiert nur ein externes System des KDA auf einer Internetplattform (siehe auch: https://www.kritische-ereignisse.de/), welches jedoch nicht die Risiken innerhalb der Einrichtung identifizieren kann. Das CIRS ist ein neutrales Instrument, das durch einen geringen zusätzlichen Aufwand große Schäden verhindern kann.

In einer Altenpflegeeinrichtung muss die Akzeptanz des Systems erst getestet werden. Es kann möglich sein, dass von den Mitarbeitern mehrere Wochen kein kritisches Ereignis gemeldet wird. Wichtig ist, dass die Mitarbeiter von Anfang an motiviert werden. Wie motiviert man alle Mitarbeiter, damit sie regelmäßig kritische Ereignisse oder Beinahe-Schäden melden? Alle Pflegekräfte haben das Ziel, einen Patienten sicher und ohne Komplikationen pflegerisch zu behandeln. Die Mitarbeiter müssen deutlich erkennen, dass ein Fehler-Ereignis-Meldesystem die Erkennung von Risiken erleichtert, sodass die Behandlung stets verbessert werden kann. Daher ist es wichtig, dass sie auf die Meldungen Rückmeldungen mit Verbesserungsmaßnahmen bekommen. „Wer erlebt, dass sein Bericht zu einer Verbesserung führt, berichtet gern" (Aktionsbündnis Patientensicherheit 2007, S. 29).

Problematisch ist jedoch die nachhaltige Aufrechterhaltung des Fehler-Ereignis-Meldesystems in der stationären Altenpflege. „CIRS umfasst mehr als das Formular, in dem Berichte verfasst werden. Eine Vielzahl von Fragen kreist um Zuständigkeiten, Kommunikationswege und die Organisation von Verbesserungsmaßnahmen" (Aktionsbündnis Patientensicherheit 2007, S. 4). Daher ist es wichtig, den Verbesserungsprozess stetig aufrechtzuerhalten und kontinuierlich zu verbessern.

9.6 Die Erfolgsfaktoren zur Implementierung eines CIRS

Bei einer erfolgreichen und nachhaltigen Einführung eines Fehler-Ereignis-Meldesystems in einer stationären Altenpflegeeinrichtung müssen einige Kriterien beachtet werden. Daher ist es wichtig, dass die bereits genannten Grundvoraussetzungen als Basis vorliegen. Diese Grundsätze sind gleichzeitig Erfolgsfaktoren, da ohne diese ein CIRS nicht langfristig funktionieren kann. Anonymität, Freiwilligkeit und Sanktionsfreiheit sind wichtige Grundvoraussetzungen und auch Erfolgsfaktoren, die unbedingt eingehalten werden müssen, da die nachhaltige Etablierung eines Fehler-Ereignis-Meldesystems sonst möglicherweise scheitert.

Das Aviation Safety Reporting System ist in der Luftfahrt ein erfolgreich implementiertes Fehlermeldesystem, dessen Aufzeichnung einfach, sicher und lohnend ist. Ein einfacher Meldebogen mit maximal einer Seite ist eine wichtige Grundlage, um die Mitarbeiter zu motivieren, sodass diese auch bei Zeitdruck einen Vorfall schildern können. Des Weiteren ist dies ein wichtiger Faktor, um die quantitative Anzahl der Meldungen zu steigern, denn je höher die Meldebereitschaft ist, desto wahrscheinlicher können die Schwachstellen identifiziert und beseitigt werden. Ein einfaches Meldeformular und eine schnelle Zugänglichkeit von jedem Computer aus ist für die Altenpflege wichtig, um das System nachhaltig und erfolgreich auf die Mitarbeiter übertragen zu können. Des Weiteren muss die elektronische Übertragung sicher, vertraulich, anonym und schnell geschehen, sodass die Berichte zeitnah ausgewertet werden können. Es muss sichergestellt werden, dass der Absender der Nachricht und alle PC-relevanten Daten nicht identifiziert werden können. Für die Mitarbeiter müssen erkennbare Reaktionen der Auswertungsteams folgen, insbesondere bei der Identifikation von Großrisiken, sodass deren Empfehlungen an die Berichtenden und an andere Mitarbeiter weitergegeben werden können. Die Motivation der Mitarbeiter, weitere Vorfälle zu melden, kann durch eine regelmäßige Berichterstattung und ein Feedback der Auswertungsteams gesteigert werden (vgl. Kahla-Witzsch 2005).

Die erfolgreiche Implementierung eines CIRS ist eine klare Führungsentscheidung. Die oberste Leitung muss in jeder Einrichtung die Einführung bewilligen und die Entscheidungen und Prozesse unterstützen. Bereits zu Beginn muss die oberste Leitung allen Mitarbeitern den Nutzen des CIRS bewusst machen. Alle Mitarbeiter müssen von Anfang an über das System informiert und zur Teilnahme motiviert werden. Ein CIRS muss systematisch über einen längeren Zeitraum in der Einrichtung eingeführt werden. Die Testphase eines CIRS dauert meist mehrere Monate. Es ist notwendig, dass die einzelnen Implementierungsphasen nach und nach eingehalten und weitergeführt werden (vgl. Korff 2009).

Ein erfolgreiches CIRS braucht verantwortliche Mitarbeiter. Die oberste Leitung muss in der Entscheidungsphase Mitarbeiter ernennen, welche für die Implementierung, Analyse und Auswertung zuständig sind. Die Verantwortlichen müssen in der Lage sein, den Mitarbeitern Empfehlungen zu geben, die daraufhin umgesetzt werden können. Die Empfehlungen sollen sich auf Abläufe und Systemveränderungen beziehen, anstatt den Fokus auf die individuellen Leistungen zu richten. Die eingeleiteten Maßnahmen dürfen sich nicht an einzelne Personen richten, sondern müssen an alle Mitarbeiter weitergegeben werden. Des Weiteren müssen klare Zuständigkeiten in der Bearbeitung der Berichte und deutlich erkennbare Kommunikationswege festgelegt werden. Das Fehler-Ereignis-Meldesystem sollte außerdem jenseits der Hierarchien und Autoritäten in einer Organisation existieren. Dies bedeutet, dass alle Mitarbeiter in das System einbezogen werden müssen. Ohne die aktive Teilnahme kann ein CIRS nicht funktionieren (vgl. Kahla-Witzsch 2005). Bereits in der Planungsphase müssen Einführungsveranstaltungen und Schulungen auf allen unterschiedlichen Ebenen stattfinden. Außerdem müssen sich die Meldekreise regelmäßig treffen, um aktuelle Ereignisse zu besprechen und diese an die Mitarbeiter weiterzuleiten (vgl. Utler 2006).

Erfolgreiche und nachhaltige Fehler-Ereignis-Meldesysteme zeichnen sich auch dadurch aus, dass möglichst viele Ereignisse gemeldet werden. „Nur wenn die Mitarbeiter volles Vertrauen in das Meldesystem haben, wird über Vorfälle ehrlich berichtet" (Utler 2006, S. 142). Häufig wird eine Vertrauensperson je Abteilung benannt, die mit den Mitarbeitern offen über die Fehler und kritische Vorfälle sprechen kann. Das Vertrauen der Mitarbeiter in die Anonymität ist dabei notwendig (vgl. Korff 2009). Der wichtigste nachhaltige Faktor ist die Schaffung einer Sicherheitskultur. „Für ein funktionierendes System ist es wichtig, dass in der Organisation eine Kultur vorherrscht, die einen offenen Umgang mit Fehlern fördert. Persönliche Schuldzuweisungen sollten unterbleiben. Stattdessen sollte gemeinsam nach systemischen Ursachen von Fehlern gesucht werden" (Ertl-Wagner et al. 2009, S. 152). Alle Mitarbeiter müssen einen veränderten offenen Umgang mit Fehlern erlernen. „Die Berichtenden brauchen keine Angst vor Strafmaßnahmen oder negativen Konsequenzen haben" (Kahla-Witzsch 2005, S. 90).

Die Erfolgsfaktoren der Implementierung eines CIRS in einem Krankenhaus können bei der Einführung in einer stationären Altenpflegeeinrichtung berücksichtigt werden, um den Erfolg nachhaltig übertragen zu können.

9.7 Fazit zu den Implementierungsstrategien von CIRS

Überall dort, wo Menschen unter Zeitdruck und physischer Belastung zusammenarbeiten, können Fehler auftreten. Auch in der stationären Altenpflege können Fehler mit pflegeaufwendigen, älteren Menschen, die beispielsweise an einer Demenzerkrankung erleiden, geschehen. Aufgrund des demografischen Wandels werden in Deutschland zunehmend ältere und möglicherweise multimorbide Menschen leben, die eine pflegerische Betreuung benötigen. Stationäre Pflegeeinrichtungen können daher ein internes Fehler-Ereignis-Meldesystem implementieren, um Komplikationen zu vermeiden und die Patientenzufriedenheit zu steigern. Des Weiteren ist dies möglicherweise ein Anreiz für die Mitarbeiter, aktiv am Verbesserungsprozess teilzunehmen. Dies könnte dem Fachkräftemangel in der Pflege in den nächsten Jahren entgegenwirken.

Was deutlich wird, ist, dass ein CIRS ohne die Etablierung eines klinischen Risikomanagements nutzlos ist, da die Identifikation und Analyse der Risiken der Anfang des Prozesses der Fehlerverminderung ist. Des Weiteren ist das CIRS ein Beteiligungsprogramm aller Mitarbeiter. Ohne die aktive Meldebereitschaft der Mitarbeiter wird das CIRS als Bestandteil des Risikomanagements nicht langfristig funktionieren können (vgl. Aktionsbündnis Patientensicherheit 2006).

Ein Fehler-Ereignis-Meldesystem kann dazu beitragen, Fehler zu verringern und die Sicherheitskultur in der Einrichtung zu verbessern. Das CIRS als Instrument der Risikoanalyse kann kritische Ereignisse und Beinahe-Fehler aktuell und praxisnah am Patienten identifizieren. Bei der Einführung eines CIRS kann es jedoch problematisch werden, wenn die Fehlerkultur durch die Führungsebene nicht ausreichend vorgelebt wird und die gesamten Prozesse nicht unterstützt werden. Ein CIRS kann letztlich nur in Verbindung mit einer aktiven und positiven Sicherheits- und Fehlerkultur funktionieren, die den Fokus auf die Ursachenanalyse legt, anstatt einen Schuldigen für den Fehler zu finden. Des Weiteren kann eine mangelnde Aufklärung bei den Mitarbeitern durch zu wenige Schulungen und mangelnde Information motivationshemmend wirken. Dadurch wird das CIRS häufig falsch interpretiert, was zu einer geringen und/oder falschen Berichtsabgabe führen kann. Eine mangelnde Reaktion der Auswertungsteams auf die eingegangenen Meldungen und eine mangelnde oder falsche Umsetzung der eingeleiteten Maßnahmen kann sich auch negativ auf die Motivation der Mitarbeiter auswirken. Sind die Kommunikationsstrukturen und Verantwortlichkeiten nicht genau geregelt, kann die Einführung eines CIRS scheitern (vgl. Hennke 2008). Aus haftungsrechtlichen Gründen ist es wichtig, dass keine eingetretenen Schäden im System gemeldet werden.

Betrachtet man das externe Fehler-Ereignis-Meldesystem auf der Online-Plattform des Kuratoriums Deutsche Altershilfe, so wird deutlich, dass es von den Mitarbeitern der Altenpflege gut angenommen wird. Seit der Einführung im Oktober 2007 wurden 410 Berichte und knapp 2000 Kommentare von anderen Lesern erfasst. Durch die hohe Anzahl der Berichte besteht ein Bedarf an internen Systemen, da in der Altenpflege viele Risiken und demnach viele Beinahe-Fehler und Fehler geschehen können.

Abschließend lässt sich feststellen, dass sowohl die Implementierungsschritte des Aktionsbündnisses Patientensicherheit als auch die 4-Schritt-Methode auf die stationäre Altenpflege übertragen werden können. Da das CIRS ein neutrales Instrument ist, das nicht nur im Krankenhaus eingeführt werden kann, kann dieses auch als internes, freiwilliges und anonymes Fehler-Ereignis-Meldesystem in der stationären Altenpflegeeinrichtung implementiert werden. Des Weiteren können die Erfolgsfaktoren der Implementierung eines Fehler-Ereignis-Meldesystems in einem Krankenhaus und die Erfolgsfaktoren eines Aviation Safety Reporting Systems auf die stationäre Altenpflege übertragen werden, um das System nachhaltig einzuführen.

9.8 Die Fehlerkultur in der Gesundheits- und Pflegewirtschaft

Um die Fehlerkultur in der Gesundheits- und Pflegewirtschaft erörtern zu können, ist es wichtig, vorab den Begriff Fehler zu definieren.

Außerdem ist es auch interessant, die Entwicklung der Fehlerforschung in den letzten Jahren nachzuvollziehen. Diese theoretischen Ansätze der Fehlerforschung wurden bereits vielfach in die Praxis umgesetzt.

Unternehmen benötigen im Rahmen ihres Qualitätsmanagements eine gut funktionierende Fehlerkultur. Auf diese werde ich ebenfalls nachfolgend eingehen.

Definition des Fehlerbegriffs

Der Fehler scheint ein allgemein verständlicher Begriff des Alltags zu sein.

In der Literatur gibt es jedoch keine einheitliche Verwendung des Fehlerbegriffs, sondern eine Vielzahl von Definitionen. Dies ist nicht verwunderlich, da viele Forscher mit unterschiedlichen Interessen dieses Thema aus verschiedenen Sichtweisen ergründet haben (vgl. Hofinger 2012).

Das Deutsche Institut für Normung bezeichnet in der Qualitätsmanagement-Norm DIN EN ISO 8420 den Begriff Fehler als die Nichterfüllung einer zuvor bestimmten Anforderung (vgl. Quality Datenbank 2012).

Der Pädagogikforscher Prof. Dr. Martin Weingardt definiert Fehler wie folgt:

Als Fehler bezeichnet ein Subjekt angesichts einer Alternative jene Variante, die von ihm - bezogen auf einen damit korrelierenden Kontext und ein spezifisches Interesse - als so ungünstig beurteilt wird, dass sie unerwünscht erscheint (Weingardt 2004, S. 234).

Der englische Kognitionspsychologe James Reason definiert in seinem Buch „Human Error" den Begriff Fehler folgendermaßen:

Error will be taken as a generic term to encompass all those occasions in which a planned sequence of mental or physical activities fails to achieve its intended outcome, and when these failures cannot be attributed to the intervention of some chance agency (Reason 1990, S. 9).

Er stellt den Fehler als einen Oberbegriff für alle Aktivitäten dar, die ein Ergebnis erzielen, das nicht geplant war.

In seinem Buch Interdisziplinäre Intensivmedizin beschreibt der Facharzt für Anästhesiologie Walied Abdulla den Fehler als eine negative, unerwartete Reaktion auf eine bewusst oder unbewusst durchgeführte Maßnahme. Dabei ist die Entscheidung „Nichts tun" ebenso ein Fehler wie die Durchführung einer „falschen" Maßnahme (vgl. Abdulla 2007).

Es ist wichtig, zu beachten, dass der Begriff Fehler ausschließlich in Zusammenhang mit menschlichem Handeln benutzt werden kann, da technische Geräte o.Ä. nicht dazu in der Lage sind, Fehler zu machen. Sie werden entweder falsch bedient oder sind falsch eingestellt, sie selbst jedoch sind nicht die Ursache für Fehler (vgl. Hofinger 2012).

Des Weiteren entstehen Fehler durch eine Handlung, die abweichend vom Plan durchgeführt wird. Bezeichnet man das Resultat der Tätigkeit oder die Tätigkeit selbst als Fehler, ist also eine Wertung erfolgt. Außerdem gilt, dass der Handelnde das Wissen und Können für die richtige Handlungsausführung besaß. Fehler setzen also Wissen und Können voraus, wodurch sie sich von Irrtümern unterscheiden. Denn wird ein Irrtum begangen, war das notwendige Wissen nicht vorhanden (vgl. Hofinger 2012).

Entwicklung der Fehlerforschung

Ab Anfang des 19. Jahrhunderts begannen Menschen nach Fehlern und deren Ursachen zu forschen. Dabei waren zunächst ausschließlich Wahrnehmungsfehler und Fehler beim Hören, Schreiben und Drucken interessant (vgl. Hofinger 2012).

Im 20. Jahrhundert forschte man im Zuge der Industrialisierung im Gebiet der Arbeitspsychologie sowie weiterhin im Bereich der Allgemeinpsychologie nach Wahrnehmungsfehlern. Wegen der durch die Industrialisierung steigenden Zahl an Maschinen in Betrieben wurden zunehmend falsche Handlungsausführungen der Arbeiter untersucht.

Seit dem Zweiten Weltkrieg ist auch die Untersuchung von Fehlern in der Fliegerei von großer Bedeutung, da es in dieser Zeit zu vielen Abstürzen aufgrund von Pilotenfehlern oder technischen Problemen mit den Flugzeugen kam (vgl. Hofinger 2012).

Seit den 1980er-Jahren werden Fehler nicht mehr nur auf menschliches Denken oder Aspekte der Sicherheit untersucht, sondern auch als Potential für Kreativität und zukünftiges Umdenken gesehen (vgl. Hofinger 2012).

In der Fehlerforschung gibt es zwei Sichtweisen, wie Fehler behandelt und interpretiert werden können. Zum einen gibt es den Personenansatz (personal approach), zum anderen den Systemansatz (system approach).

Im Sinne des Personenansatzes werden begangene Fehler ausschließlich bei einzelnen Menschen gesucht und mögliche Fehler innerhalb eines Systems oder einer Organisation bleiben unberücksichtigt (vgl. Hofinger 2012).

Seit den 1980er-Jahren wurde unter anderem aufgrund mehrerer großer Unfälle (z. B. die Katastrophe von Tschernobyl) klar, dass eine individuelle fehlerhafte Handlung allein nicht zu derartigen Fehlern und Unfällen führen kann. Dadurch kam mehr und mehr der Systemansatz zum Tragen, aus dessen Sicht ein Fehler eher als ein unerwünschtes Ereignis in einem gesamten System oder einer Organisation definiert wird. Beim systemischen Ansatz wird - anders als beim Personenansatz - ein Fehler nicht nur auf personeller Ebene, sondern auf allen Ebenen des Systems untersucht. Es wird davon ausgegangen, dass viele fehlerhafte Handlungen auf mehreren Systemebenen gemeinsam den Eintritt eines unerwünschten Ereignisses verursacht haben (vgl. Hofinger 2012).

Im Sinne dieses Systemansatzes entwickelte der bereits zuvor zitierte Psychologe James Reason in den 90er-Jahren das „Schweizer Käse Modell". Es veranschaulicht, dass eine bevorstehende Gefahr nur dann in einen Unfall oder ein unerwünschtes Ereignis ausarten kann, wenn die einzelnen Sicherheitsbarrieren versagen und somit kein Hindernis mehr für die Gefahr darstellen. Dies geschieht, wenn sie mit Löchern, die durch fehlerhaftes Handeln verursacht werden, versehen sind und zusätzlich in einer ungünstigen Lage, nämlich genau in einer Achse, liegen (vgl. Ärztliches Zentrum für Qualität in der Medizin (ÄZQ) 2009). Dieses Szenario wird durch folgende Abbildung deutlich:

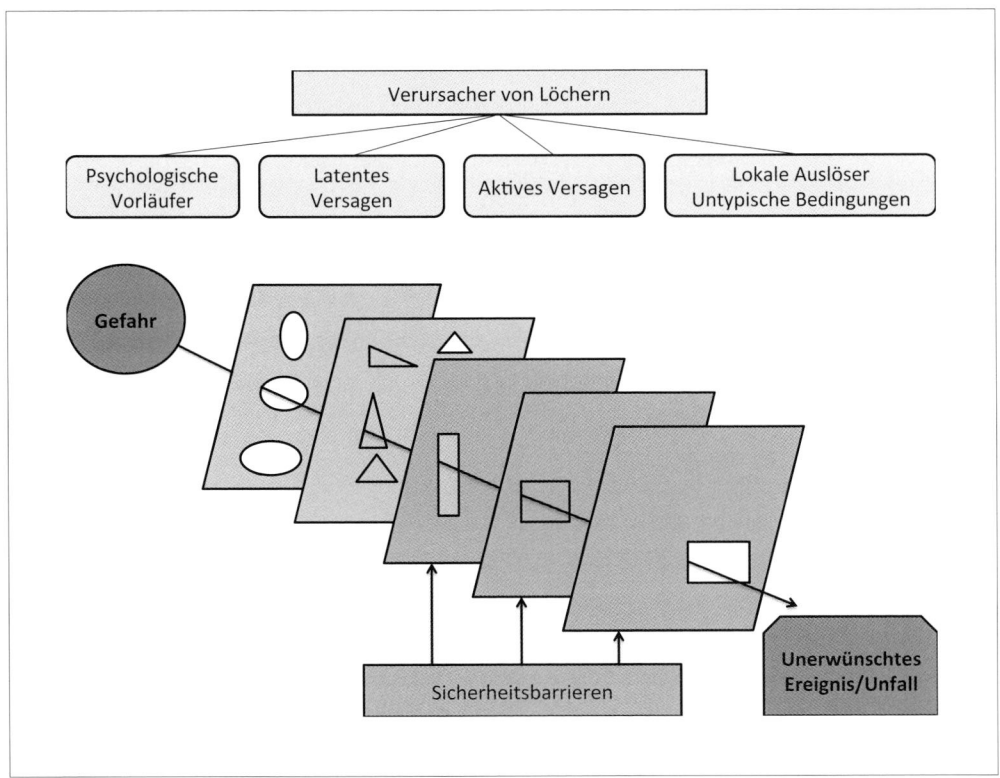

Abbildung 16: Swiss Cheese Model of System Accidents (nach Reason)
(Quelle: In Anlehnung an Ärztliches Zentrum für Qualität in der Medizin (ÄZQ) (2012), o. S.)

Tritt also im Regelfall auf einer einzigen Ebene ein unerwünschtes Ereignis ein und greifen die zuständigen Kontrollmechanismen ein, so ist nur diese Ebene des Systems davon betroffen, während alle weiteren keine Konsequenzen zu befürchten haben. Ein Unfall im gesamten System tritt also nur dann ein, wenn alle Sicherheitsbarrieren versagen.

Diese Löcher in den dargestellten Scheiben entwickeln sich als Resultat aktiver und latenter Fehler, werden durch viele Faktoren beeinflusst und können sich über die Zeit verschieben, wiederholt auftreten oder auch verschwinden (vgl. Ärztliches Zentrum für Qualität in der Medizin (ÄZQ) 2009).

Will man Fehler nun klassifizieren, stellt man fest, dass es bis heute keinen einheitlichen Ansatz dafür gibt. Alle Ansätze haben jedoch gemeinsam, dass zunächst unterschieden wird, ob „etwas falsch" oder „etwas Falsches" gemacht wurde (vgl. St. Pierre et al. 2005).

James Reason unterscheidet, wie bereits im Rahmen seiner Fehlertheorie erwähnt, zwischen aktiven Fehlern und latenten Bedingungen.

Aktive Fehler werden unmittelbar auf der Ebene der praktisch tätigen Leistungsträger begangen und sind daher sichtbar. Sie lösen Zwischenfälle oder Unfälle direkt aus und können deshalb unmittelbare und weitreichende Konsequenzen haben. Oft kommt es dabei zu einer Sanktionierung der Beteiligten. Als ein Beispiel eines aktiven Fehlers kann man das Verwechseln von zwei Medikamenten nennen (vgl. Hofinger 2012).

Latente Bedingungen resultieren aus fehlerhaften Entscheidungen, die oft auf allen Ebenen einer Organisation und in allen Positionen getroffen werden und nicht direkt mit Unfällen zu tun haben. Die weitreichenden Konsequenzen dieser Entscheidungen werden erst dann sichtbar, wenn sie eine Verbindung mit anderen Faktoren, z. B. aktiven Fehlern, welche die Sicherheitsbarrieren einer Organisation zu-nichte-machen, eingehen. Oftmals wurden latente Fehler, die schließlich zu einem Unfall führten, viele Jahre zuvor begangen (vgl. St. Pierre et al. 2005).

Als Beispiel für einen solchen Fehler ist das Missachten von Dokumentationspflichten zu nennen. Wird z.B. die Einnahme eines bestimmten Medikamentes in der Patientenakte eines Patienten durch den Arzt oder das Pflegepersonal nicht ausreichend notiert, kann dies weitreichende Folgen haben. Wird der Patient zu einem späteren Zeitpunkt nun von einem anderen Arzt behandelt, kann es aufgrund des fehlenden Wissens zu falschen Behandlungsentscheidungen kommen, was zu folgenschweren Komplikationen führen kann.

9.9 Der Umgang mit Fehlern – die Fehlerkultur

Will man Fehler erfolgreich managen, benötigt ein Unternehmen eine gut funktionierende Fehlerkultur.

In einigen Bereichen, wie z. B. der Kernkraft und der Luftfahrt sind Themen wie Sicherheits- und Fehlermanagement bereits seit langer Zeit ein wichtiges Thema.

Aber auch in Gesundheitseinrichtungen wächst die Bedeutung einer Sicherheits- und Fehlerkultur immens (vgl. Wolter 2009).

Für den Begriff Fehlerkultur gibt es zahlreiche Definitionen.

Das Forum Patientensicherheit von der Bundesärztekammer und der Kassenärztlichen Bundesvereinigung beschreibt die Schaffung einer Fehlerkultur als eine veränderte Form des Umgangs mit Fehlern von einer Kultur der Schuldzuweisung zu einer vorurteilsfreien Kultur (vgl. Ärztliches Zentrum für Qualität in der Medizin (ÄZQ) 2010).

Frau Dr. Kahla-Witzsch, Beraterin im Gesundheitswesen, definiert den Begriff Fehlerkultur folgendermaßen:

Unter Fehlerkultur versteht man, wie in einer Organisation mit Fehlern, deren Erfassung, Analyse, Behebung und Vermeidung umgegangen wird (Kahla-Witzsch und Platzer 2007, S. 57).

Ein weiterer Ansatz in der Literatur ist der, die Fehlerkultur als Wertesystem zu definieren, das vorgibt, wie in einem Unternehmen mit Fehlern umgegangen wird (vgl. Wolter 2009).

Eine erfolgreiche Fehlerkultur ist dadurch charakterisiert, dass das Lernverhalten des Menschen nach begangenen Fehlern in der Organisation anerkannt und genutzt wird. Sie fördert Offenheit und die Begeisterung, das in Fehlern liegende Potenzial zu erkennen und für die Zukunft zur Fehlervermeidung zu nutzen (vgl. Hochreither 2004).

Bislang kam der Fehlerkultur in Gesundheitseinrichtungen in Deutschland nur eine geringe Bedeutung zu. Es herrschte das Prinzip, dass ein Einzelner als Verantwortlicher für einen begangenen Fehler herausgestellt und bestraft wurde. Folglich versuchten viele Mitarbeiter, ihre Fehler zu vertuschen. So war eine Analyse der Fehler unmöglich.

Unter Berücksichtigung dieses Aspektes ist es notwendig, sowohl die personenbedingten als auch die systembedingten Fehler gleichermaßen zu betrachten (vgl. Kahla-Witzsch und Platzer 2007).

Neben der Nutzung des Lernpotenzials durch verursachte Fehler ist auch die Reduzierung der Anzahl an kritischen Ereignissen Ziel des Aufbaus einer Fehlerkultur.

Damit eine Fehlerkultur funktionieren kann, müssen die Mitarbeiter die Möglichkeit haben, flexibel auf unerwünschte Situationen reagieren zu können. Dafür ist es wichtig, dass eine vorurteilsfreie und vertrauensvolle Atmosphäre herrscht, um offen und ohne Angst vor Strafen über kritische Situationen reden zu können. Neben Vertrauen und Gerechtigkeit ist gute Kommunikation eine weitere essenzielle Dimension der Fehlerkultur (vgl. Löber 2010).

9.10 Effekte des CIRS auf die Fehlerkultur in der stationären Altenpflege

Zielsetzung des CIRS in der stationären Pflege ist der professionelle Umgang mit Fehlern und daraus resultierend eine Verbesserung der Qualitätsstandards. Hierzu gibt es erste Erfahrungsberichte aus der Gesundheitswirtschaft. Aus den Schilderungen lässt sich beurteilen, inwieweit mit dem CIRS Einfluss auf die Fehlerkultur genommen wird und es damit Auswirkungen auf das Unternehmen als Ganzes haben kann.

Wirksamkeit von CIRS als Methode zur Verbesserung der Patientensicherheit

Einen sicheren Nachweis für die Wirksamkeit von Critical Incident Reporting Systemen in der Medizin und Pflege gibt es nicht, da derzeit noch keine Untersuchungen zu dem Thema durchgeführt worden sind. Jedoch wird grundsätzlich von einem großen Nutzen der CIRS-Methode ausgegangen, was an der steigenden Berichterstattung kritischer und unerwünschter Ereignisse festgemacht wird. Die zunehmende Beteiligung der Mitarbeiter an den CIRS kann also für erfolgreiche CIRS und folglich auch für eine gesteigerte Patientensicherheit sprechen. Außerdem kann der Erfolg eines CIRS an der Anzahl der umgesetzten Maßnahmen, die nach Analyse der Berichte beschlossen wurden, abgeschätzt werden. Doch diese Ansätze sind nicht gleichzusetzen mit der Untersuchung der Wirksamkeit durch Patientensicherheitsindikatoren. Daher ist die Frage, ob CIRS die Patientensicherheit erhöhen, bisher nicht ausreichend geklärt. Eine empirische Untersuchung der Zusammenhänge zwischen CIRS und gesundheitlichen Ergebnissen bei den Patienten ist zwingend erforderlich (vgl. Lauterberg 2009).

9.11 Erfahrungen mit dem CIRS in der Gesundheitswirtschaft

Im Folgenden werden einige interessante Erfahrungen von Mitarbeitern und Führungskräften mit einem Critical Incident Reporting System beschrieben. Da Berichte über Erfahrungen mit dem CIRS in der stationären Altenpflege derzeit noch rar sind, werden hauptsächlich Erfahrungen aus anderen Bereichen des Gesundheitswesens mit einbezogen.

Marienhospital Steinfurt

Nachdem das Marienhospital Steinfurt im Jahr 2004 bereits ein umfangreiches Qualitätsmanagementsystem eingeführt hatte, entschied man sich ein Jahr später für die Implementierung eines CIRS. In der Planung wurden früh alle Krankenhausbereiche berücksichtigt und das verantwortliche Team, bestehend aus besonders erfahrenen und geeigneten Personen, festgesetzt. Dieses Team trifft sich einmal im Monat und bearbeitet Berichte, die der Qualitätsmanagementbeauftragte zuvor bereits gesichtet und als besonders kritisch eingestuft hat. Im Vorfeld wurden alle beteiligten Personen über die Einführung des Critical Incident Reporting System informiert.

Seit der Einführung des CIRS im Marienhospital Steinfurt im Jahr 2005 bis zum Jahr 2008 wurden etwa 100 Meldungen eingegeben, von denen ein Großteil jeweils direkt nach einer Schulung, in der das Personal auf besonders kritische Bereiche aufmerksam gemacht wurde, abgegeben wurde. Außerdem ist bemerkenswert, dass 73,6 % der Meldungen von Pflegenden stammen, nur 13,2 % von Ärzten.

Zusammenfassend lässt sich sagen, dass das Bewusstsein der Mitarbeiter für kritische Ereignisse durch die Einführung stark gestiegen ist und einige wichtige Verbesserungen erreicht werden konnten. Auch in Zukunft will das Marienhospital Steinfurt versuchen, die Akzeptanz der CIRS-Methode zu steigern und dadurch eine neue Fehlerkultur zu schaffen (vgl. Uppena 2010).

www.CIRSmedical.at

Im Jahr 2010 wurde mit der Website www.cirsmedical.at ein österreichisches Fehlerberichtssystem geschaffen, das bereits viele registrierte Meldungen über kritische Ereignisse zu verzeichnen hat. Die Website unterstützt vor allem die Abgabe von Berichten über kritische Ereignisse in der Organisation und in der Kommunikation, die beinahe große Probleme ausgelöst hätten. Untersuchungen zeigen, dass bei diesem Fehler-Ereignis-Meldesystem 28 % der Meldungen von Allgemeinmedizinern stammen, 17 % von Ärzten aus der Inneren Medizin. Den Rest der Berichte geben Angehörige der insgesamt 26 im System erfassten medizinischen Fächer und Bereiche ein.

Die vor der Einführung des CIRS aufgekommenen Bedenken bezüglich der Anonymität fielen nach der Implementierung sofort ab, denn die Beteiligten wurden von einer garantierten Anonymität überzeugt (vgl. Markaritzer 2010).

Altonaer Kinderkrankenhaus

Die Geschäftsführung des Altonaer Kinderkrankenhauses fasste die Idee der Einführung eines Fehlermeldesystems insgesamt positiv auf und war bereit, das Projekt zu unterstützen.

Bei der Vorstellung des Vorhabens wurde immer wieder betont, dass das Melden eines Fehlers komplett anonym vonstatten geht. Als das CIRS startete, war vielen Pflegekräften nicht klar, was ein „Beinahe-Fehler" ist und in welcher Situation man einen Bericht schreiben sollte. Außerdem waren viele nicht von der Anonymität des Projektes überzeugt und befürchteten Bestrafungen (vgl. Jipp und Olshausen 2009).

Es war eine deutliche Mehrzahl an Pflegekräften gegenüber den Ärzten zu erkennen, die Meldebögen ausfüllten, was vor allem an der Skepsis der Ärzte gegenüber dem CIRS-System lag. Insgesamt war das Meldeverhalten stark davon abhängig, inwiefern das Projekt im Gespräch gehalten und zum Berichten motiviert wurde. Positiv hervorzuheben ist, dass nach jeder abgehaltenen Fortbildung die Anzahl der Meldebögen bemerkenswert stieg.

Je nach Abteilung des Krankenhauses war die Informationsweiterleitung an die Ärzte problematisch und wurde teilweise nur durch Pflegekräfte erreicht. Trotzdem fand das Projekt in diesen Bereichen eine rege Beteiligung und die Schaffung einer Fehlerkultur wurde angestrebt (vgl. Jipp und Olshausen 2009).

Die Verbesserungsvorschläge, die aus dem Projekt resultierten, wurden in einigen Abteilungen direkt und unmittelbar zur Neugestaltung von Organisation und Arbeitsabläufen umgesetzt, während in anderen Abteilungen, die nicht direkt in das Projekt involviert waren, die Resultate oft kaum wahrgenommen wurden. Daher konnte man erkennen, dass die Motivation des Personals, Meldebögen auszufüllen, stark davon abhing, inwiefern die Umsetzung von Verbesserungsmaßnahmen sichtbar war.

Zum Ende des Projektes war die Beteiligung am CIRS konstant hoch, was vor allem daran lag, dass durch ständige Aufklärungsarbeit das Vertrauen in die Anonymität der Methode stieg (vgl. Jipp und Olshausen 2009).

Insgesamt ist festzuhalten, dass die Einführung des Fehler-Ereignis-Meldesystems im Altonaer Kinderkrankenhaus ein erfolgreiches Projekt war und deutlich zur Schaffung einer Fehlerkultur beigetragen hat (vgl. Jipp und Olshausen 2009).

Fasst man diese drei Erfahrungsberichte zusammen, so lassen sich einige Übereinstimmungen feststellen.

In jeder der drei Einrichtungen gab es bei der Einführung des CIRS zunächst Probleme. Das größte Problem in dieser Phase war die Skepsis der Mitarbeiter gegenüber der Anonymität des Meldesystems. Die Beteiligten vertrauten dem Datenschutz nicht, auch wenn er ihnen von den Verantwortlichen wiederholt zugesichert wurde.

Während der Projekte stieg jedoch aufgrund mehrerer Schulungen das Vertrauen in das System und dessen sichtbaren Resultate, was in allen drei Einrichtungen eine Steigerung der Beteiligung am CIRS zur Folge hatte.

Letztendlich wurde in den Betrieben durch die Anwendung des Critical Incident Reporting System eine neue Art der Fehlerkultur geschaffen, was die Qualität der Pflegeversorgung bedeutend beeinflusste.

9.12 Beurteilung des CIRS für den Gebrauch in der stationären Altenpflege

Eine bestimmte Fehlerkultur entsteht durch die Art des Umgangs mit Fehlern in einer Organisation. Eine positive Fehlerkultur liegt dann vor, wenn Fehler nicht als die Schuld einer einzelnen Person gesehen werden und diese entsprechend bestraft wird, sondern Fehler als Chance des Lernens angenommen werden.

Eine positive Fehlerkultur wird dann erzeugt, wenn eine Atmosphäre geschaffen wird, in der die Mitarbeiter ohne Angst vor Sanktionen offen und konstruktiv Fehler melden können. Der Trend zur Anklagekultur (culture of blame), der einen einzelnen Schuldigen für den aufgetretenen Fehler sucht und derzeit noch in vielen Gesundheitseinrichtungen zu finden ist, muss sich zu einer Sicherheitskultur wandeln, die die Gewährleistung der Sicherheit der Patienten als oberstes Ziel hat (vgl. Kahla-Witzsch und Platzer 2007).

Um einen solchen Wandel der Fehlerkultur in einer Organisation zu erreichen, bedarf es nun einiger Maßnahmen. Einige dieser notwendigen Handlungen können mithilfe der Anwendung des CIRS durchgeführt werden.

Der erste Schritt im Übergang zu einer neuen Fehlerkultur ist die Förderung einer verpflichtenden Kommunikation über Fehler, unerwünschte und kritische Ereignisse und Beinahe-Fehler. Dadurch soll das Bild einer fehlerfreien Organisation, das zu einer Vertuschung von Fehlern und einer Angst im Umgang mit Fehlern führt, beseitigt werden (vgl. Dinges 2005). Dieses Ziel kann durch die Einrichtung eines CIRS erreicht werden.

Außerdem kann eine andersartige Fehlerkultur nicht in einzelnen Bereichen der Einrichtung etabliert werden, sondern betrifft immer auch die gesamte Organisationskultur. Daher muss bei allen Beteiligten – sowohl bei den Führungskräften als auch den Mitarbeitern – ein Bewusstsein für die Fehlerkultur geschaffen werden. Dies kann durch Trainings in Form von Workshops unter Kollegen, externen Beratungen o. Ä. erfolgen (vgl. Dinges 2005).

Gerade in der Gesundheits- und Pflegewirtschaft ist es wichtig, den beteiligten Personen zu verdeutlichen, dass ein gelebtes Risikomanagement viel bewegen kann.

Im Gegensatz zur Industrie, in der Fehler z. B. bei der Herstellung von Autoteilen sofort sichtbar und einfach zu beheben sind, werden in der Gesundheitsbranche keine Handlungen am „Fließband" ausgeführt. Die individuellen Fehler, die Personen machen, sind schwieriger festzustellen. Gerade in diesem Bereich ist es aber extrem wichtig, dass Fehler vermieden werden, da nicht Gegenstände, sondern Menschen behandelt werden.

Der wichtigste Erfolgsfaktor für ein funktionierendes CIRS sind die Mitarbeiter, die dieses System anwenden. Man muss die Beteiligten für dieses System gewinnen. Dies erreicht man meiner Meinung nach nicht durch Vorschriften und Gesetzte, sondern dadurch, dass man diese vom Nutzen des CIRS überzeugt. Wenn dies gelingt, wird eine positive Einflussnahme des CIRS auf die Fehlerkultur in Einrichtungen der Pflegewirtschaft erreicht und das System führt zu dem notwendigen Erfolg.

9.13 Fazit zur Einflussnahme auf die Fehlerkultur

In den letzten Jahrzehnten ist das Bewusstsein in der Gesellschaft gewachsen, dass Gesundheitseinrichtungen nicht immer eine hohe Patientensicherheit gewährleisten. Dies führte zur Beschäftigung mit dem Critical Incident Reporting System, das noch ein sehr neues Instrument in der Unternehmenskultur ist. Während es zunächst in den hochtechnologischen Branchen wie der Raumfahrt gebraucht wurde, hat das CIRS mittlerweile auch erste Anwendung in der Medizin und speziell auch in der stationären Pflege gefunden, wie man an den vorgestellten Beispielen aus verschiedenen Gesundheitseinrichtungen sehen kann.

Es gilt als gesichert, dass das Thema Risikomanagement auch im System der Altenpflege in Zukunft eine immer größere Rolle spielen wird. Zunehmende öffentliche Aufmerksamkeit und politischer Druck bei einer Zunahme der Pflegebedürftigen infolge der demografischen Veränderungen fordern selbstverständlich zunächst aus ethischen Gründen Maßnahmen zur Verbesserung der Patientensicherheit. Darüber hinaus werden es sich sowohl öffentliche als auch private Einrichtungen bald nicht mehr leisten können, auf ein solches System zu verzichten, da sie mit der Konkurrenz mithalten und so im Wettbewerb bestehen wollen.

Das CIRS verfolgt zwei Zielrichtungen: Intern wird es benötigt, um Fehler zu untersuchen und zu beheben und dadurch die Qualität zu steigern. Extern unterstützt das CIRS den Aufbau eines positiven Images der Einrichtung. Besonders diese Maßnahme hat eine große Bedeutung, da Unternehmen der Gesundheits- und Pflegewirtschaft immer mehr wirtschaftlichen Zwängen unterliegen und sich so mit potenziellen Konkurrenten messen müssen. Viele Pflegebedürftige und deren Angehörige informieren sich zunächst umfangreich über die Qualitätsstandards einer Pflegeeinrichtung, bevor sie sich für eine bestimmte entscheiden. Geschieht nun z. B. in einer Pflegeeinrichtung, welche einer Pflegeheimkette angehört, ein bedeutender Fehler und wird dieser in der Öffentlichkeit kommuniziert, so ist es äußerst schwierig, dieses Problem von den übrigen Einrichtungen der Kette fernzuhalten und zu vermeiden, dass der Fehler dem gesamten Unternehmen einen Imageschaden zufügt. Daher verbessert die Existenz eines CIRS das Image der Einrichtung, da nach außen vermittelt wird, dass eine Sicherheitskultur vorhanden ist.

Resultierend kann – insbesondere vor dem Hintergrund der HRO´s – unterstellt werden, dass ein CIRS ein geeignetes Instrument für den Aufbau einer positiven Fehlerkultur in Einrichtungen der Gesundheits- und auch Pflegewirtschaft sein kann, da durch dessen aktive Anwendung Veränderungsprozesse im Unternehmen angestoßen werden können.

Voraussetzung ist allerdings der Wille zur Schaffung einer Sicherheitskultur, die von den Leitenden der Organisation aktiv eingeführt werden muss.

Es ist davon auszugehen, dass es schon bald aufgrund weiterer gesetzlicher Bestimmungen für viele Unternehmen verbindlicher als heute sein wird, ein CIRS als Teil eines Qualitäts- und Risikomanagementsystems zu implementieren. Davon unabhängig sollte aus eigenem Interesse ein CIRS für ein Unternehmen unverzichtbar sein, da es die Basis für positive Veränderungsprozesse darstellt.

Ob es Unterschiede in der Anwendung des CIRS in der Altenpflege im Vergleich zu anderen Gesundheitseinrichtungen gibt oder ob es spezielle Ergänzungen zum CIRS für diesen Bereich geben muss, bleibt durch weitere möglichst flächendeckende Untersuchungen im Bereich der stationären Altenpflege zu klären.

Literaturverzeichnis

Abdulla W. (2007): Interdisziplinäre Intensivmedizin. 3. Auflage. München: Urban und Fischer.

Aktionsbündnis Patientensicherheit (o. J.): Glossar. (http://www.aps-ev.de/patientensicherheit/glossar/, Zugriff am 13.09.2014).

Aktionsbündnis Patientensicherheit (2006): Empfehlungen zur Einführung von Critical Incident Reporting Systemen (CIRS). Praxistipps für Krankenhäuser. (http://www.aktionsbuendnis-patientensicherheit.de/apsside/07-07-25-CIRS-Handlungsempfehlung.pdf, Zugriff am 04.06.2012).

Aktionsbündnis Patientensicherheit (2007): Empfehlungen zur Einführung von Critical Incident Reporting Systemen (CIRS). Praxistipps für Krankenhäuser. (http://www.aktionsbuendnis-patientensicherheit.de/apsside/07-12-10_CIRS_Brosch__re_mit_Umschlag.pdf, Zugriff am 10.06.2012).

Ärztliches Zentrum für Qualität in der Medizin (2009): Fehlertheorie. (http://www.forum-patientensicherheit.de/hintergrundwissen/fehlertheorie, Zugriff am 12.06. 2012).

Ärztliches Zentrum für Qualität in der Medizin (2010): Glossar. (http://www.forum-patientensicherheit.de/glossar_fags/index_html/view?searchterm=fehlerkultur, Zugriff am 12.06. 2012).

Badke-Schaub, P., Hofinger G., Lauche K. (2012): Human factors. Psychologie sicheren Handelns in Risikobranchen. 2. überarbeitete Auflage. Berlin und Heidelberg: Springer.

Bleicher, K. (2011): Das Konzept Integriertes Management. Visionen – Missionen – Programme. 8. Aktualisierte und erweiterte Auflage. Frankfurt am Main: Campus.

Brandt, J. (Hrsg.) (2015): Sozialgesetzbuch. München: Beck.

Cartes, M. (2006): Einführung von CIRS im Krankenhaus. 4-Schritte-Methode. (http://www.mh-hannover.de/fileadmin/organisation/ressort_krankenversorgung/downloads/risikomanagement/4_Schritt_Methode_IR-Einf_hrungKHCartes.pdf, Zugriff am 25.06.2012).

Cartes, M., (2008): Einführung von Critical Incident Reporting System an der Medizinischen Hochschule Hannover. „Das 3Be-System". Das Berichts-, Bearbeitungs- und Behebungs-System für Beinahe-Zwischenfälle. (http://www.mh-hannover.de/fileadmin/organisation/ressort_krankenversorgung/downloads/risikomanagement/RMAktuellerStand/2008/Das_3Be-System_Cartes.pdf, Zugriff am 25.06.2012).

Chapman, E.J., Hewett, D., Strange, P., Taylor-Adams, S., Tizzard, A., Vincent, C., Prior, S. (2000): How to investigate and analyse clinical incidents: Clinical Risk Unit and Association of Litigation and Risk Management protocol. (http://www.bmj.com/content/320/7237/777.full.pdf+html, Zugriff am 15.09.2014).

CIRSmedical® (o. J.): Berichtsformular. (https://www.cirsmedical.ch/Deutschland/m_files/cirs.php?seitennr=AEZQ, Zugriff am 26.06.2012).

DIN Deutsches Institut für Normung e.V. (2014): Qualitätsmanagementsysteme – Anforderungen (ISO/DIS 9001: 2014), Deutsche und Englische Fassung prEN ISO 9001: 2014. Berlin: Beuth.

Dinges, S. (2005): Zur Etablierung einer neuen Fehlerkultur im Umgang mit Fehlern in der stationären Patientenversorgung. In: Holzer, E., Thomeczek C., Hauke, E., Conen, D., Hochreuthener, M.A. (Hrsg.): Patientensicherheit. Leitfaden für den Umgang mit Risiken im Gesundheitswesen. Wien: Facultas. S. 77-82.

Dudenredaktion (Hrsg.) (2014): Duden. Deutsches Universalwörterbuch. 7. überarbeitete und erweiterte Auflage. Berlin: Dudenverlag.

Ennker J., Pietrowski, D., Kleine, P. (2007): Bestandteile eines Risikomanagements. In: Ennker, J., Pietrowski, D., Kleine, P. (Hrsg.): Risikomanagement in der operativen Medizin. (http://download.springer.com/static/pdf/240/bok%253A978-3-7985-1738-7.pdf?auth66=1420924656_124606e104264882d91a6d18ce7ee099&ext=.pdf, Zugriff am 27.11.2014). S. 99-121.

Ertl-Wagner, B., Steinbrucker, S., Wagner, B.C. (2009): Qualitätsmanagement und Zertifizierung. Praktische Umsetzung in Krankenhäusern, Reha-Kliniken, stationären Pflegeeinrichtungen. Heidelberg: Springer.

Euteneier, A. (2014): Umgang mit Regelverstößen. In: Bundesärztekammer (Hrsg.): Deutsches Ärzteblatt, Jg. 111, Heft 37, Ausgabe A, 12.09.2014. Köln: Deutscher Ärzteverlag. S. A1504-1506.

Fahlbuch, B., Meyer, I., Dubiel, J. (2008): Einfluss menschlicher Faktoren auf Unfälle in der verfahrenstechnischen Industrie. (http://www.umweltbundesamt.de/sites/default/files/medien/publikation/long/3490.pdf, Zugriff am 14.09.2014).

Gleißner, W. (2011): Grundlagen des Risikomanagements im Unternehmen: Controlling, Unternehmensstrategie und wertorientiertes Management. 2. Auflage. München: Vahlen.

Görner, H., Kempcke, G. (Hrsg.) (1974): Synonymwörterbuch. Sinnverwandte Ausdrücke der deutschen Sprache. Leipzig: VEB.

Gurcke, I., Falke, J., Mildenberger, D. (2006): Klinisches Risikomanagement als unverzichtbarer Bestandteil der Planung. Organisation und Umsetzung von Qualitätsmanagement – ein Praxisbericht. In: Hellmann, W. (Hrsg.): Strategie Risikomanagement – Konzepte für das Krankenhaus und die Integrierte Versorgung. Stuttgart: Kohlhammer. S. 19-50.

Gurcke, I. (2008): Qualitäts- und klinisches Risikomanagement im Krankenhaus. In: Hellmann, W., Baumann, H., Bienert, M., Wichelhaus, D. (Hrsg.): Krankenhausmanagement für Leitende Ärzte. Heidelberg: Economica. S: 150-172.

Hart, D. (2009): Was ist und was bewirkt ein CIRS? In: Hart, D., Trent, M., Lauterberg, J. (Hrsg.): Risiken verringern, Sicherheit steigern: Kinderkliniken für Patientensicherheit. Köln: Deutscher Ärzte-Verlag. S. 7-8.

Hagg, H., Görtz, B. (2011): Praktische Umsetzung von betriebswirtschaftlichem Risikomanagement. In: Hellmann, W., Ehrenbaum, K. (Hrsg.): Umfassendes Risikomanagement im Krankenhaus: Risiken beherrschen und Chancen erkennen. Berlin: MWV. S. 161-180.

Hecken, J. (2014): Tragende Gründe zum Beschluss des Gemeinsamen Bundesausschusses über eine Änderung der Vereinbarung des Gemeinsamen Bundesausschusses gemäß §137 Abs. 1 Satz 3 Nr. 1 SGB V über die grundsätzlichen Anforderungen an ein einrichtungsinternes Qualitätsmanagement für nach §108 SGB V zugelassene Krankenhäuser: Umsetzung des §137 Abs. 1d SGB V. (https://www.g-ba.de/downloads/40-268-2709/2014-01-23_KQM-RL_137-1d_TrG.pdf, Zugriff am 09.10.2014).

Heimbücher, B. (2003): Einführung in die Haftpflichtversicherung. 5. Auflage. Karlsruhe: VVW.

Hellmann, W. (2010): Handbuch Integrierte Versorgung-Online: Strategien und Konzepte für kooperative Versorgungsstrukturen, Risikomanagement. (http://www.medhochzwei-verlag.de/Xaver/start.xav?SID=hfk4209727097082&startbk=mhz_Klinikwissen_HdbIntVer&bk=mhz_Klinikwissen_HdbIntVer&hitnr=14&start= %2f %2f*[%40node_id %3D %2727727 %27]&noca=224140869&anchor=fh, Zugriff am 05.10.2014).

Hennke, M., Schikora, O. (2006): Risiko Krankenhaus – Praktische Tipps zur Minimierung von Risiken im Rahmen eines ganzheitlichen Ansatzes. In: Hellmann, W. (Hrsg.): Strategie Risikomanagement: Konzepte für das Krankenhaus und die Integrierte Versorgung. Stuttgart: Kohlhammer. S. 51-74.

Hennke, M. (2008): Risikomanagement - Frühwarnung durch ein Critical Incident Reporting System (CIRS). (http://www.dequs.de/seminar/download/0208/hennke_solidaris.pdf, Zugriff am 03.07.2012).

Herold, A., Rohe, J., van Vegten, A. (2012): Critical Incident Reporting System (CIRS): Planen und erfolgreich starten. Von anderen Lernen und andere Lernen lassen. Berichts- und Lernsysteme. (http://www.dkgev.de/media/file/11216.Herold_Rohe_vanVegten_23.02.2012_CIRS_planen_und_erfolgreich_starten.pdf, Zugriff am 12.06.2012).

Hochreither, P. (2004): Erfolgsfaktor Fehler! Persönlicher Erfolg durch Fehler. Göttingen: Business Village.

Hofinger, G. (2012): Fehler und Unfälle. In: Badke-Schaub P., Hofinger, G., Lauche, K. (Hrsg.): Human factors. Psychologie sicheren Handelns in Risikobranchen. 2. Auflage. Berlin und Heidelberg: Springer. S. 39-59.

Holzer, E., Thomeczek, C., Hauke E., Conen, D., Hochreutener, M-A. (2004): Patientensicherheit: Leitfaden für den Umgang mit Risiken im Gesundheitswesen. Wien: Facultas.

ISO/TC 176/SC2 (2014): „RISK" IN ISO 9001:2015. (http://isotc.iso.org/livelink/livelink/open/tc176SC2public, Zugriff am 09.11.2014).

Jipp, H., Olshausen, H. (2009): Hamburg. In: Hart, D., Mattern, H., Trent, M., Lauterberg, J. (Hrsg.): Risiken verringern, Sicherheit steigern. Kinderkliniken für Patientensicherheit. Köln: Deutscher Ärzteverlag. S. 67-71.

Kahla-Witzsch, H. A. (2005): Praxis des Klinischen Risikomanagement. Landsberg: Ecomed.

Kahla-Witzsch, H., Platzer, O. (2007): Risikomanagement für die Pflege. Ein praktischer Leitfaden. Stuttgart: Kohlhammer.

Kamp, A., König, J. (2011): Risikomanagement im Krankenhaus – erfolgreich einführen und betreiben. In: Zapp, W. (Hrsg.): Risikomanagement in Stationären Gesundheitseinrichtungen. Grundlagen, Relevanz und Anwendungsbeispiele aus der Praxis. Heidelberg: Medhochzwei. S. 281-292.

Kantonsspital St. Gallen (2012): Risk Management. (http://www.kssg.ch/home/QM_Home/riskmanagement.html, Zugriff am 21.06.2012).

Katzenmeier, C. (2011): Arzthaftpflicht in der Krise. Entwicklungen, Perspektiven, Alternativen. (http://download.springer.com/static/pdf/342/art%253A10.1007%252Fs00350-011-2876-5.pdf?auth66=1420927101_3aacfd0550314b6b73785881475f7504&ext=.pdf, Zugriff am 11.09.2014).

Klie, T., Pfundstein, T., Nirschl, M. (2006): Risiko-Management in der stationären Pflege. Ein Leitfaden zu Methodik und Praxis im Umgang mit Risiken. In: Kuratorium Deutsche Altershilfe (http://www.kda.de/, Zugriff am 07.11.2015).

Köbberling, J., Bernges, S. (2007): Critical Incident Reporting System (CIRS). Eine überzeugende Idee, Probleme in der Umsetzung. In: Medizinische Klinik, Band 102, Heft 11. S. 936-938.

Koppenberg, J., Moecke, H. P. (2012): Strukturiertes klinisches Risikomanagement in einer Akutklinik. (http://download.springer.com/static/pdf/192/art%253A10.1007%252Fs10049-011-1494-0.pdf?auth66=1420927315_f6954d86e9926954cad4434ef32523ee&ext=.pdf, Zugriff am 27.11.2014).

Korff, M. (2009): Risikomanagement im klinischen Versorgungsbereich mit einem Critical Incident Reporting System. Pflegekongress Wien 2009. (http://www.pflegekongress.at/pp-praesentationen09/Risikomanagement_CIRS_Korff.pdf, Zugriff am 11.06.2012).

Kuratorium Deutsche Altershilfe (2012a): Bericht eingeben. Formular. (https://www.kritische-ereignisse.de/bericht-eingeben.html, Zugriff am 20.06.2012).

Kuratorium Deutsche Altenhilfe (2012b): Informationen zum System. (https://www.kritische-ereignisse.de/infos-zum-system.html, Zugriff am 20.06.2012).

Lauterberg, J. (2009): Critical Incident Reporting Systeme (CIRS) in Medizin und Pflege. In: Hart, D., Mattern, H., Trent, M., Lauterberg, J. (Hrsg.): Risiken verringern, Sicherheit steigern: Kinderkliniken für Patientensicherheit. Köln: Deutscher Ärzteverlag. S. 11-36.

Löber, N. (2010): Konstruktive Fehlerkultur in Krankenhaus und Praxis. In: Rheinisches Ärzteblatt. Nr. 8, August 2010. S. 20-21.

Loomans, D., Matz, M., Wiedemann, M. (2014): Praxisleitfaden zur Implementierung eines Datenschutzmanagementsystems. Ein risikobasierter Ansatz für alle Unternehmensgrößen. Wiesbaden: Springer.

Markaritzer, K. (2010): CIRS: Erfolgsbilanz nach einem Jahr. In: Österreichisches Ärztezeitung. S. 14-17.

Müller, M. (2003a): Risikomanagement und Sicherheitsstrategien der Luftfahrt – ein Vorbild für die Medizin? (https://www.thieme-connect.de/products/ejournals/html/10.1055/s-2003-41912, Zugriff am 01.02.2014).

Müller, M. (2003b): Soziale Intelligenz und Kompetenz: Ein Werkzeug für Risikomanagement und Fehlervermeidung. (https://www.online-zfa.de/media/archive/2003/07/10.1055-s-2003-41913.pdf, Zugriff am 01.12.2014).

Netrange AG (2012): CIRS Meldesysteme. (http://www.meldeportal.ch/Produkte/Pages/CIRS-Meldeysteme.aspx, Zugriff am 26.06.2012).

Neuefeind, W. (2001): Arzthaftungsrecht. Ein Überblick für Rechtsanwender, Ärzte und Patienten. 3. überarbeitete und ergänzte Auflage. Marburg: Tectum.

National Health Service (2015): Never Events List 2015/16. (http://www.england.nhs.uk/wp-content/uploads/2015/03/never-evnts-list-15-16.pdf, Zugriff am 05.11.2016).

Oswald, J., Henrichs, C. (2011): Gestaltungsansätze für ein Risikomanagement. In: Zapp, W. (Hrsg.): Risikomanagement in Stationären Gesundheitseinrichtungen. Grundlagen, Relevanz und Anwendungsbeispiele aus der Praxis. Heidelberg: Medhochzwei. S. 49-78.

Quality-Datenbank (2012): Fehler-Lexikon. (http://www.quality.de/cms/lexikon/lexikon-f/373-fehler.html, Zugriff am 26.06.2012).

Palandt, O., bearbeitet von Bassenge, P. (Hrsg.) (2015): Bürgerliches Gesetzbuch. 74. neu bearbeitete Auflage. München: Beck.

Reason, J. (1990): Human Error. Cambridge: Cambridge University Press.

Roenpage, O., Staudter, C., Meran, R., John, A., Lunau, S., Beernaert, C. (2007): Six Sigma plus Lean Toolset: Verbesserungsprojekte erfolgreich durchführen. 2. Auflage. Berlin u. Heidelberg: Springer.

Saßen, S., Borutta, M., Lennefer, J. (2007): Risikomanagement: Führungsstrategien für pflegerische Kernbereiche. Hannover: Vincentz.

Saßen, S. (2010): Basics im Blick? Risikomanagement in der Pflege. (http://www.heilberufe-online.de/heilberufe_science/hbsc_52010/4_20.pdf, Zugriff am 13.12.2014).

Schneider, G., Geiger, I. K., Scheuring, J. (2008): Prozess- und Qualitätsmanagement: Grundlagen der Prozessgestaltung und Qualitätsverbesserung mit zahlreichen Beispielen, Repetitionsfragen und Antworten. Zürich: Compendio Bildungsmedien.

Schrappe, M. (2010): Patientensicherheit und Risikomanagement. In: Lauterbach, W., Lüngen M., Schrappe, M. (Hrsg.): Gesundheitsökonomie, Management und Evidence based Medicine. Handbuch für Praxis, Politik und Studium. 3. neu bearbeitete und erweiterte Auflage. Stuttgart: Schattauer. S. 362-394.

Simon, M. (2012): Beschäftige und Beschäftigungsstrukturen in Pflegeberufen. Eine Analyse der Jahre 1999 bis 2009. Studie für den Deutschen Pflegerat. (http://www.fh-hannover.de/fileadmin/media/doc/pp/Simon_2012_Studie_zur_Beschaeftigung_in_Pflegeberufen.pdf, Zugriff am 02.07.2012).

Sommer, K., Kranz, J., Steffens, J. (2014): Prozessgestaltung in Hochzuverlässigkeitsorganisationen. (http://download.springer.com/static/pdf/350/art%253A10.1007%252Fs00120-014-3484-6.pdf?auth66=1420971928_8499f560c92b583f4bad16dbfaf8733d&ext=.pdf, Zugriff am 11.09.2014).

St. Pierre, M., Hofinger, G., Buerschaper, C. (2005): Notfallmanagement. Human Factors in der Akutmedizin. Berlin und Heidelberg: Springer.

Strohmeier, G. (2007): Ganzheitliches Risikomanagement in Industriebetrieben. Grundlagen, Gestaltungsmodell und praktische Anwendung. Wiesbaden: Springer.

Teubel, T. (2010): Medizinisches Risikomanagement: Implementierung von Fehlermanagementsystemen für OP-Teams. Hamburg: Diplomica.

Thole, L., Schanz, M. (2013): Die Rechte der Patienten – transparent, verlässlich, ausgewogen. In: Rechtsdepesche für das Gesundheitswesen, 10. Jg., Nr. 2 März/April 2013. Köln: G&S. S. 64-69.

Thomeczek, C., Ollenschläger, G. (2005): Entwicklungen von Strategien zum Umgang mit Risiken aus der Industrie und Luftfahrt. In: Holzer, K., Thomeczek, C., Hauke, E., Conen, D., Hochreutener, A.M. (Hrsg.): Patientensicherheit. Leitfaden für den Umgang mit Risiken im Gesundheitswesen. Wien: Facultas. S. 41-54.

TüV Rheinland Akademie GmbH (o.J.); Verbesserungsprozesse, Lenkung von Fehlern. o. O.

Ulsenheimer, K., Staib, I., Martin, K. (1996): Ist die Schadenentwicklung im Krankenhaus-Bereich zu stoppen? Schadensprophylaxe durch Risk-Management. (https://www.wiso-net.de/document/VW__04x051x1996x18x1280x0006/toc?a=ZECU&b=486257, Zugriff am 04.10.2014).

Uppena, L. (2008): Marienhospital Steinfurt: CIRS in der Praxis. Krankenhaus nutzt Meldesysteme seit 2005. In: Westfälisches Ärzteblatt. Nr. 11, 2008. S. 14-15.

Utler, C. (2006): Von der Schuldzuweisung zum Risikomanagement. In: Debatin, J., Goyen, M., Schmitz, C. (Hrsg.): Zukunft Krankenhaus. Überleben durch Innovation. Berlin: ABW. S. 125-151.

Umweltbundesamt (2008): Nachhaltige Produktion, Anlagensicherheit ZEMA. (http://www.umweltbundesamt.de/nachhaltige-produktion-anlagensicherheit/zema/meldeweg.html, Zugriff am 18.06.2012).

Vincent, C., Taylor S. (2007): Systemanalyse klinischer Zwischenfälle. Das London-Protokoll. (http://www1.imperial.ac.uk/resources/3AD8B321-0916-47D2-A196-1A993E36D0B5/londonprotocoldeutsch.pdf, Zugriff am 15.09.2014).

Walter, O. (2014): Die Situation spitzt sich zu. Haftung der Krankenhäuser. In: KU Gesundheitsmanagement, 83. Jg., Nr. 10, Okt. 2014. S. 44-46.

Wegener, B. (2014): AOK-Krankenhausreport. Krank durch das Krankenhaus. (http://www.general-anzeiger-bonn.de/news/vermischtes/krank-durch-das-krankenhaus-article1248708.html, Zugriff am 29.12.2014).

Weick, K., Sutcliffe, K. (2010): Das Unerwartete managen. Wie Unternehmen aus Extremsituationen lernen. 2. vollständig überarbeitete Auflage. Stuttgart: Klett-Cotta.

Weimann, E., Weimann, P. (2013): Das Swiss Cheese Model als „critical incident reporting system" zur Risikoreduzierung und Erhöhung der Patientensicherheit in Klinik und Praxis. (http://download.springer.com/static/pdf/357/

art %253A10.1007 %252Fs10405-013-0687-2.pdf?auth66=1420972431_630d9a0342cd5cc6c0f7c5d70a90832a& ext=.pdf, Zugriff am 11.09.2014).

Weingardt, M. (2004): Fehler zeichnen uns aus. Transdisziplinäre Grundlagen zur Theorie und Produktivität des Fehlers in Schule und Arbeitswelt. Bad Heilbrunn: Klinkhardt.

Wenzel, F. (2014): Patientenrechtegesetz. Das bleibt! Das ist neu! Das ist zu tun!: Leitfaden für Ärzte und Krankenhäuser. Heidelberg: Medhochzwei.

Wille, E., Scriba, P., Fischer, G., Glaeske, G., Kuhlmey, A., Rosenbrock, R., Schrappe, M. (2007): Gutachten 2007 des Sachverständigenrates zur Begutachtung der Entwicklung im Gesundheitswesen. Kooperation und Verantwortung – Voraussetzungen einer zielorientierten Gesundheitsversorgung. (http://www.bpa.de/fileadmin/user_upload/MAIN-dateien/SN/2007_Delegation_aerztlicher_Leistungen_Bundestagsdrucksache.pdf, Zugriff am 13.09.2014).

Wolter, B. (2009): Grundlagen des Risikomanagements. In: Roeder, N., Hensen, P. (Hrsg): Gesundheitsökonomie, Gesundheitssystem und öffentliche Gesundheitspflege. Ein praxisorientiertes Kurzlehrbuch. Köln: Deutscher Ärzteverlag. S. 92-108.

Zenk, K., Kluess, D., Ebner, M., Irmscher, B., Bader, R., Mittelmeier, W. (2011): Risikomanagement und Qualitätsmanagement – ein gemeinsamer Lösungsweg? (https://www.thieme-connect.de/products/ejournals/abstract/10.1055/s-0031-1273340, Zugriff am 26.12.2014).

Abbildungsverzeichnis

Abbildung 1: Systembezogene Risikoarten	12
Abbildung 2: Fehler	26
Abbildung 3: Fehlertypen	27
Abbildung 4: Unterscheidung von Fehlern	28
Abbildung 5: Systemansatz	30
Abbildung 6: Klassischer Risikomanagementprozess	34
Abbildung 7: Ursache-Wirkungs-Diagramm	36
Abbildung 8: Beispiel für Fehlerbaumanalyse am Beispiel ZSVA	37
Abbildung 9: Risikomatrix	43
Abbildung 10: Risikomanagementprozess	48
Abbildung 11: Schnittmengen Risiko- und Qualitätsmanagement	49
Abbildung 12: Integrativer Managementprozess	52
Abbildung 13: Prinzipien der HROs	57
Abbildung 14: Ganzheitlicher Risikomanagementprozess	66
Abbildung 15: 4-Schritt-Methode zur Einführung von CIRS im Krankenhaus	107
Abbildung 16: Swiss Cheese Model of System Accidents (nach Reason)	118

Tabellenverzeichnis

Tabelle 1: Faktoren der Fehlerentstehung	32
Tabelle 2: Bewertungen zur Ermittlung der RPA	39
Tabelle 3: Checkliste zur Einführung eines Fehler-Ereignis-Meldesystems	95

Autor

Sascha Saßen ist Krankenpfleger und hat Pflegemanagement an der Katholischen Hochschule Nordrhein-Westfalen in Köln studiert.

Seine beruflichen Stationen:
Stationsleitung im Marienhospital Herne, contec Unternehmensberatung, Stabstelle Unternehmensentwicklung Evangelisches Krankenhaus Düsseldorf und Geschäftsführer Seniorenwohn- und Sozialzentrum Stolberg. Dazu parallel war er Inhaber einer Unternehmensberatung im Bereich Pflegemanagement und Geschäftsführer im Herner Pflegedienst. Seit April 2018 Bereichsleitung zentrales Qualitätsmanagement & Ethik bei der KORIAN Deutschland.

Unser Tipp

... zum Thema „Dokumentation"

Dokumentieren mit dem Strukturmodell
Grundlagen – Einführung – Management
Elisabeth Beikirch, Hans-Dieter Nolting, Michael Wipp

Pflegedokumentation so schlank und einfach wie möglich mit dem Strukturmodell. Wie stationäre Einrichtungen und ambulante Pflegedienste profitieren und wie das Strukturmodell praktisch einzuführen ist, beschreibt das Experten- und Herausgeberteam um Elisabeth Beikirch, Hans-Dieter Nolting und Michael Wipp. Sie bieten umfassende Orientierung. Von den rechtlichen Zusammenhängen bis zu konkreten und sofort umsetzbaren Tipps.

Im Auftrag des Pflegebevollmächtigten der Bundesregierung haben die Experten **Elisabeth Beikirch** und **Hans-Dieter Nolting** das Projekt „Entbürokratisierung der Pflegedokumentation" gesteuert. **Michael Wipp** begleitete die Einführung des Strukturmodells als Geschäftsführer einer Pflegeeinrichtung. **Profitieren Sie von diesem Expertenwissen aus erster Hand! Die zweite überarbeitete Ausgabe informiert zusätzlich über die Erprobung des Strukturmodells in der Tages- und Kurzzeitpflege.**

Auch als eBook (ePub) erhältlich.

2017, 2. überarbeitete Auflage, 348 Seiten, kart., Format: 17 x 24 cm,
ISBN 978-3-86630-587-8, Best.-Nr. 20572

Jetzt bestellen! Vincentz Network GmbH & Co. KG · Bücherdienst · Postfach 6247 · 30062 Hannover
T +49 511 9910-033 · F +49 511 9910-029 · www.altenpflege-online.net/shop